매일매일
사랑스러운
핀란드
아이옷

아이들이 좋아하는 소꿉놀이 소품과
34가지 러블리 원피스 만들기

매일매일
사랑스러운
**핀란드
아이 옷**

키르시 이콜라·한나 발케이아티아·이콜라 지음 | 노바 에스콜라 옮김 | 아이랑주니어랑 감수

somsi

아이들이 좋아하는 소꿉놀이 소품과 34가지 러블리 원피스 만들기

매일매일 사랑스러운 핀란드 아이 옷

1판 1쇄 인쇄 2021년 6월 25일
1판 1쇄 발행 2021년 7월 10일

지은이	키르시 에툴라, 순나 발케아바아-이콜라
옮긴이	노바 에스콜린
감수	이현주(나나)

펴낸이	최태선
편집팀장	박석현
디자인	김채원
경영지원	조혜정

외부 스태프	**디자인**	이성희

펴낸곳	㈜솜씨컴퍼니	
	등록	제2015-000025호
	주소	04022 서울시 마포구 동교로 70 소와소빌딩 3층
	전화	070.7825.8588(편집) 02.3142.4364(마케팅)
	팩스	02.6442.4364
	이메일	love@somssi.me(콘텐츠·원고 투고) order@somssi.me(유통·판매)
	SNS	instagram.com/somssico

제작	**인쇄**	조광프린팅
	용지	커버 : Arte 130g 표지 : SW 250g 본문 : 백상지 120g

ISBN 979-11-86745-52-6

Contents

빨래하는 날

극장 놀이

목마 놀이

친구집에서 자기

드레스 이미지 및 미니 도안

소품 도안 ~~~~~ 133

022

024

025

025

027

032

033

034

035

036

038

044

045

048

050

057

매일 드레스 입어요

드레스는 아이들에게 실용적이지 않다고 아무리 말해도 소용이 없어요.
여자 아이들은 일정한 나이가 되면 어떤 경우에도 꼭 드레스를 입어야 한답니다.
각자의 취향에 따라 드레스 스타일도 제각각이지요.
꼭 공주 드레스뿐 아니라 심플하면서 실용적인 드레스를 선호하는 아이들도 있어요.
열심히 만들어 입혔을 때 너무너무 좋아하는 아이의 얼굴을 보는
기쁨 또한 엄마들에게는 큰 행복이지요.

우리는 딸의 발레수업 탈의실에서 처음 만났어요.
수업이 끝나기를 기다리면서 대화를 나누다 취미생활이 같다는 것을 알았어요.
커피 한잔을 하며 수다를 떨다 수공예품에 대한 블로그를 함께 만들었고,
급기야 책을 쓰기로 했습니다. 이 책은 그렇게 시작되었답니다.
작업물이 쌓이면서 원단, 도안, 완성된 작품들로 서랍이 가득 찼는데, 특히 드레스가 많았어요.
가장 마음에 드는 원단은 마지막 조각이 남을 때까지 끝까지 사용한답니다.
그러다 남은 원단 조각은 핀꽂이나 나무구슬을 장식할 때 아주 유용해요.

우리는 다양한 패턴들을 합치고 세밀한 부분을 디자인하는 게 너무나 즐거웠어요.
작업을 하면서 중간중간 계획을 바꾸고는 했지요. 원단이 부족할 것 같으면 다른 종류의 원단을
사용해도 되기 때문에 이 책에서는 원단의 크기를 아주 정확하게 적지 않았습니다.

아동 사이즈(신장)	86~92	98~104	110~116	122~128
길이	86~92	98~104	110~116	122~128
가슴둘레	52~54	56~58	60~62	64~66
허리둘레	52~53	54~55	56~57	58~59

단위: cm

이 책에서는 다양한 디자인의 드레스와 놀이의 즐거움을 찾아볼 수 있답니다. 아기 인형 드레스, 오래된 바지로 만든 원단 케이크, 꼭두각시놀이에 필요한 장식들도 찾아볼 수 있어요. 책에는 모두 11개의 인기 드레스와 다양한 디자인을 실었습니다.

평일에 입는 드레스, 여름에 입는 짧은 드레스와 긴팔 드레스도 있어요. 도안들은 위의 네 가지 사이즈로 되어 있답니다. 드레스를 만들다 보면 그 매력에 흠뻑 빠져 중독될 정도이지만, 우리 딸들이 예쁜 드레스를 입고 좋아하는 모습은 그 어떤 기쁨과 바꿀 수 없을 정도랍니다!

수산나와 키르시

기본적인 방법과 팁

옷감 줄이기 (선세탁)

새로운 천연 섬유 원단은 항상 자르기 전에 줄여놓는 것이 좋습니다. 물에 담그거나 세탁기에서 세탁하거나 혹은 다리미로 스팀을 주면 원단을 줄일 수 있습니다. 특히 새롭고 재활용된 원단을 사용할 때 이것을 꼭 기억하세요!

시접

도안을 자를 때 항상 1cm의 시접을 남기고 자르세요. 그 외의 경우에는 설명에 따라 자르면 됩니다. 바이어스 테이프를 사용해 마무리하는 가장자리의 경우 시접을 따로 만들지 않아도 됩니다.

두 번 겹친 롤단은 오버로크를 사용해 박았어요.

마무리

시접은 지그재그나 오버로크를 사용해 마무리합니다. 이 책에서 마무리는 솔기를 박은 후 마무리하는 것을 추천하며, 이때 시접은 서로 연결해 마무리합니다. 이 방법은 쉽고 빠르며 솔기도 단단해집니다. 또한 원단이 얇고 솔기가 곧바로 되어 있으면 연결할 때 마무리가 잘 됩니다.

자락과 소매 끝동, 기타 가장자리는 옷단으로 마무리합니다. 시작할 때 어떤 단을 만들지 결정하고 필요한 만큼 도안에 시접을 남기고 자르세요.

한 번 접은 옷단에서는(그림 1) 가장자리를 마무리하며, 한 번 안면으로 접고 마무리한 부분 위로 박음질합니다. 옷단을 위해 1~2cm의 공간이면 충분합니다. 두 번 접은 옷단에서는(그림 2) 가장자리를 두 번 안면으로 접고 윗면에서 박음질합니다. 옷단을 위해 2cm 이상의 공간이 필요합니다.

가장자리를 말아 박으면 아주 얇은 옷단을 만들 수 있습니다. 옷단을 위해 2~3mm면 충분합니다. 말아 박은 단(롤단)은 얇은 원단이나 곡선이 있는 가장자리를 마무리할 때 아주 편합니다. 말아 박은 단을 만들기 위해 오버로크나 말아박기 노루발이 필요합니다.

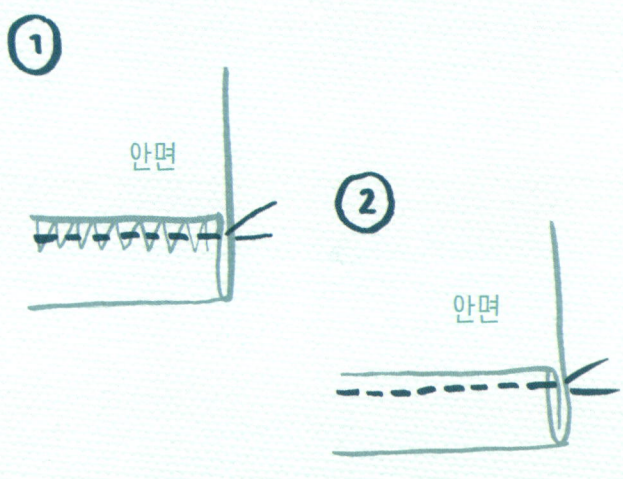

전사 기술

이 책에서는 이미지를 전사하기 위해 잉크젯을 사용했어요. 일단 원단을 액체에 담갔다가 말린 후 다림질합니다. 원단의 안면에 떼어낼 수 있는 접착심지를 붙입니다. 그 다음 프린트하기 위해 원단을 A4 크기로 자릅니다. (주의! 이 기술은 잉크젯 프린터만 사용할 수 있습니다). 잉크가 마른 후 접착심지를 떼어내고 원단을 세탁합니다.

시접 잘라내기

솔기 부분이 너무 팽팽해지지 않도록 곡선이나 모서리 있는 부분의 시접에 가위집을 넣어 자르면 됩니다. 이때 스티치를 자르지 않도록 유의하세요!

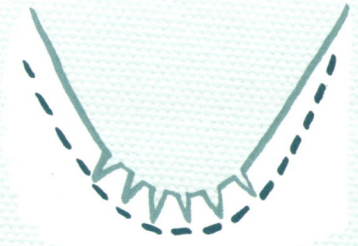

작은 조각들

가장자리를 따라 박음질할 때 원단이 너무 팽팽해지지 않도록 작은 조각들은 넉넉한 크기의 원단에 그리는 것이 좋습니다. 박음질한 후 조각의 모양을 자르면서 마무리하세요. 최대한 시접을 작게 넣으면 굴곡이 많은 조각이어도 깔끔하게 마무리됩니다. 필요에 따라 시접에 가위집을 넣어 자르세요.

뒤집기 전에 조각의 끝부분을 둔하게 자르면 모서리가 깔끔해집니다.

드레스 마레트 B 82p,
카타리나 A 28p, 알리나 A 52p,
마레트 A 82p (왼쪽부터)

장난감
LEIKKIMÖKKEILYÄ
집에서

🌸 오븐 미트

도안 133p
준비물 겉감과 안감을 위한 면 / 바이어스 테이프

1 시접을 1cm 남기고 겉감과 안감은 각 2장 자르세요.

2 겉감 2장을 겉면끼리 마주대어 놓고 재봉틀로 박아주세요. 손이 들어가는 부분은 박지 마세요. 안감 조각들도 같은 방법으로 만드세요.

3 겉감을 뒤집어 안감을 겉감 안쪽으 로 집어넣으세요.

4 손이 들어가는 부분을 바이어스 테이프로 마무리한 후, 바이어스 테이프를 사용해 고리를 만드세요. 바이어스 테이프 만드는 방법은 95p를 참조하세요.

TIP:
아무래도 원단만으로 만든 장갑은 뜨거울 수 있으니 안감에 퀼팅 솜(접착 솜)을 추가로 넣는 것이 좋겠지요.

🌸 벨벳 케이크

준비물 프로스팅을 위한 벨루어 / 충전재 솜 / 도일리를 위한 작고 동그란 레이스 / 원단 조각, 자수 실, 장미 모양과 기타 케이크 장식

1 큰 접시나 양동이를 이용해 케이크 도안을 그리고 케이크 부분을 자르세요.

2 프로스팅 부분의 가장자리를 따라 러닝 스티치로 바느질을 하고, 가장자리에 약간의 주름이 생기도록 실을 조이세요.

3 솜을 케이크 안에 집어넣어 실을 조인 후 몇 개의 스티치로 마무리하세요.

4 프로스팅으로 사용된 원단에서 조이는 구멍을 덮을 수 있는 만큼 동그란 모양의 조각을 자르세요. 그러고 나서 구멍 위에 배치한 후 손바느질로 꿰매세요.

5 케이크 밑에 도일리 레이스를 손바느질로 꿰매세요.

6 새틴 장미와 기타 꽃 모양으로 케이크 장식을 마무리하세요.

🌸 케이크 스탠드

준비물 종이컵 / 튼튼한 판지 / 풀 / 공예용 페인트 / 레이스나 리본

1 종이컵을 반 정도 자르고 떼어내세요.

2 접시를 사용해 판지에 원을 그린 후 자르세요. 종이컵을 동그란 판지 가운데에 놓고 풀로 붙이세요.

3 스탠드를 공예용 페인트로 칠하세요. 특별한 손님을 초대하게 될 경우 레이스나 리본으로 가장자리를 장식하세요.

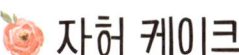 자허 케이크

준비물 갈색 테리 원단 / 충전재 솜 / 동그란 원단 / 밝은 색의 자수 실

1 프로스팅용으로 원단을 동그랗게 2장 자르세요. 동그라미의 지름은 도일리 페이퍼보다 몇 센티미터 작게 자르세요.

2 프로스팅용 원단에서 5cm 넓이의 띠를 자르세요. 길이는 동그라미 둘레보다 2cm 정도 더 길게 하세요.

3 띠가 원형이 되도록 박아주세요. 겉면끼리 맞닿게 배치하여 동그라미에 연결하세요. 띠의 다른 가장자리를 다른 동그라미에 연결되도록 박아주세요. 뒤집기를 위해 창구멍을 남기세요.

4 케이크를 뒤집어 안에 솜을 넣으세요.

5 창구멍을 바느질로 막고, 동시에 케이크를 도일리 페이퍼에도 박음질하세요.

6 케이크에 이름을 붙이거나 원하는 문구를 수놓으세요.

벽지 나비들
TAPETTIPERHOSET
도안 133p

준비물
벽지나 종잇조각 / 벽지용 풀

나비나 다른 날아다니는 곤충 친구들을
벽지의 안면에 그린 후 모양에 따라 자르
세요. 벽지용 풀을 바른 후 나비들이 벽에
서 날아다니는 것처럼 적절한 위치에 붙
이세요.

티백
TEEPUSSIT
도안 133p

준비물
티백 상품 배경을 위한 흰색 원단스캐너, 잉크젯
프린터기, 종이 / 티백 봉지를 위한 면 조각 / 봉
지를 막기 위한 벨크로 테이프 / 양면 접착심지
/ 티백을 만들기 위한 부직포 / 차 가루를 위한
작은 원단 조각들 / 봉지 줄을 위한 다양한 색깔
의 짧은 면실

여러분의 집에서는 어떤 차를 마시나요?
아이들에게 여러 가지 컬러의 원단을 쥐
어주고 원하는 대로 골라 직접 만들 수 있
게 해주세요. 거기에 취향에 따라 원단으
로 만든 가루를 넣어주면 세상에 하나뿐
인 티백이 완성됩니다.

🌹 차 상표

1 책에 나오는 차 상표를 그대로 스캔해도 좋고 직접 상표를 디자인해도 좋아요.

2 전사 기술을 사용해 상표를 하얀색 원단에 넣으세요(15p 참조).

3 좋아하는 모양으로 상표를 만드세요. 시접을 위한 공간을 꼭 남기세요.

TIP:
이미지를 가져오는 것이
너무 복잡하다면 수를
놓아도 좋아요!

🌹 봉지

1 봉지의 도안을 복사한 후 시접을 1cm 남기고 면 조각을 2장 자르세요.

2 조각들의 겉면끼리 마주대어 창구멍을 남기고 가장자리를 따라 박아주세요.

3 봉지를 뒤집어 창구멍의 시접을 안쪽으로 접으세요. 창구멍의 가장자리

를 다림질한 후 간단한 바느질로 마무리하세요.

4 벨크로 테이프를 작게 자른 후 반대 면을 열어 도안에서 나오는 표시에 따라 박아주세요.

5 접착심지를 사용해 'Tee' 상표를 붙이세요. 가장자리를 따라 박음질하세요.

6 봉지를 뚜껑 위치까지 접은 후 봉지의 옆 가장자리를 박음질하고, 뚜껑 부분 테두리를 따라 박음질하세요.

🌹 티백

1 티백의 도안을 복사하여 부직포에서 시접 없이 2장 자르세요.

2 가장자리 3면을 박아주세요.

3 어두운 색의 원단 조각을 잘라 가루처럼 만드세요. 가루를 티백 안으로 넣으세요.

4 굵은 면실을 10cm 정도 잘라 양쪽 끝에 매듭을 만드세요.

5 실의 한쪽 끝을 티백 안으로 집어넣고 열려 있는 가장자리를 박음질하세요. 실의 한쪽 끝이 안에 튼튼하게 들어가게 된답니다.

6 봉지용 원단을 사용해 네모 모양으로 2장 자르고, 실의 다른 쪽 끝에 박음질하면서 붙이세요.

카타리나 드레스
KATARIINA DRESS

안면

🌹 고무줄 주름 장식

**고무줄을 집어넣을 때는
신경이 많이 쓰이지만 결과를
보면 뿌듯하지요.**

고무줄을 사용하면 조정하기도 쉽고 오랫동안 옷을 입을 수 있어요.
카타리나 드레스에서는 엠파이어 솔기에 고무줄을 집어넣었으며
시접들은 고무줄 통로로 박음질했어요.
목둘레선과 진동둘레에도 주름 장식이 많이 들어가
고무줄이 제자리에 들어가면 주름 장식이 완성된답니다.
카타리나 드레스는 앞뒤가 똑같아요. 어느 쪽인지 그렇게 중요하지 않고
단추도 없기 때문에 아이들이 입기에는 아주 편리하답니다.

카타리나 드레스
KATARIINA

드레스 이미지와 미니 도안 124P

드레스 A

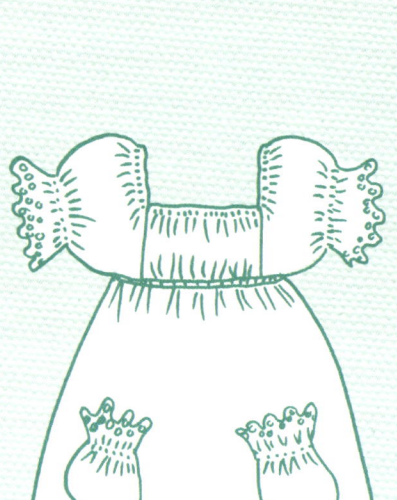

드레스 B

드레스 C

드레스 D

준비물

- ☐ 얇고 부드러운 면 또는 혼방 원단
- ☐ 0.5cm 넓이의 고무줄(사이즈는 124p 참조)
- ☐ 드레스 B: 120-120-130-140cm 길이와 5cm의 넓이의 엠브로이더리 원단
- ☐ 드레스 C와 D: 레이스 약 150cm

도안 2B

- ☐ 요크×2
- ☐ 자락×2
- ☐ 소매×2(드레스 C: 2+2)

도안 2A

- ☐ 주머니 C×2(드레스 B)
- ☐ 주머니 A×2(드레스 D)

①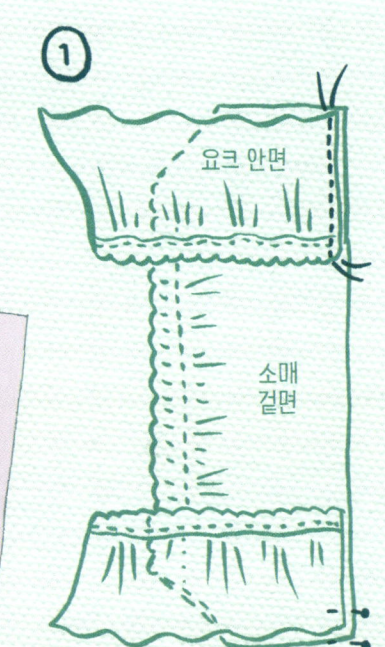

요크 안면

소매 겉면

 ## 준비

＊ 드레스 C
- 더 긴 소매 도안을 그리고 짧은 소매로 자르면 두 개의 소매 도안이 생깁니다.
- 드레스용 원단에서 조각을 자르세요.
- 124p에 나오는 표에 따라 고무줄을 자르세요.

＊ 드레스 B와 D
2.5cm 넓이의 바이어스 테이프를 1m 정도 자르세요.

드레스 만들기

1 **드레스 C와 D** 레이스를 요크 부분의 위 가장자리에 배치하여 재봉틀로 박아주세요.

2 앞 요크와 뒤 요크의 위 가장자리를 마무리하고 1cm를 접은 다음 다림질하세요. 고무줄 통로를 만들기 위해 접은 부분을 박음질하세요. 고무줄 통로에 고무줄을 집어넣고 양쪽 끝을 박음질하세요.

3 **드레스 A** 소맷동을 마무리하고 1cm를 접은 후 다림질하세요. 고무줄 통로로 박음질하세요.

  드레스 B 엠브로이더리 원단을 자르고 겉면끼리 맞닿게 소맷동에 박음질하세요. 시접을 마무리한 후 다림질하세요. 고무줄 통로를 박음질하세요.

  드레스 C 소매의 윗장과 아랫장을 연결해 박아주세요. 시접을 마무리한 후 위쪽으로 꺾어 다림질하고 고무줄 통로로 박음질하세요. 소맷동을 마무리하세요. 레이스를 자르고 겉면끼리 맞닿게 소맷동 부분에 박아주세요. 시접을 소매 쪽으로 다림질한 다음 박음질하세요.

  드레스 D 레이스를 잘라 겉면끼리 맞닿게 배치하여 소맷동에 박아주세요. 시접을 마무리하고 소매 쪽에 다림질한 후 고무줄 통로로 박음질하세요.

4 고무줄을 소매들의 고무줄 통로로 집어넣고 양쪽 끝을 고정해 바느질 하세요.

5 소매 부분을 요크에 핀으로 고정한 후 재봉틀로 박아주세요(그림 1). 소매의 위 시접을 마무리하는 동시에 요크들의 시접도 함께 오버로크로 마무리하세요.

6 소매의 위 가장자리에서 1cm를 접고 다림질한 후 고무줄 통로로 박음질하세요. 통로에 고무줄을 집어넣고 양쪽 끝을 살짝 고정해 바느질 하세요(그림 2).

7 **드레스 B** 주머니의 위 가장자리에 엠브로이더리 원단을 재봉틀로 박아주세요. 시접을 마무리하세요. 시접을 주머니 안쪽으로 다림질하고 고무줄 통로로 박음질하세요. 통로에 고무줄을 집어넣고 양쪽 끝을 살짝 고정해 바느질 하세요. 107p를 참조하여 바이어스 스트립을 사용해 주머니의 곡선이 있는 가장자리를 마무리하세요. 주머니를 드레스에 배치하여 박음질하세요.

  드레스 D 주머니의 위 가장자리에 주름이 들어가도록 하고 가장자리에 레이스를 박아주세요. 시접을 마무리하고 주머니 쪽에 들어가도록 다림질한 후 박음질하세요. 107p를 참조하여 바이어스 스트립을 사용해 주머니의 곡선이 있는 가장자리를 마무리하세요. 주머니를 드레스에 배치하여 박음질하세요.

8 자락 부분의 앞장과 뒷장은 요크의 밑부분과 소매에 박아주세요(그림 3). 시접을 마무리한 후 아래쪽으로 다림질하고 고무줄 통로로 박음질하세요. 통로에 고무줄을 집어넣고 양쪽 끝은 살짝 고정해 바느질 하세요.

9 소매들의 밑 솔기와 드레스의 옆 솔기를 재봉틀로 박아 오버로크로 마무리하세요.

10 자락에 단을 만들고 마무리하세요.

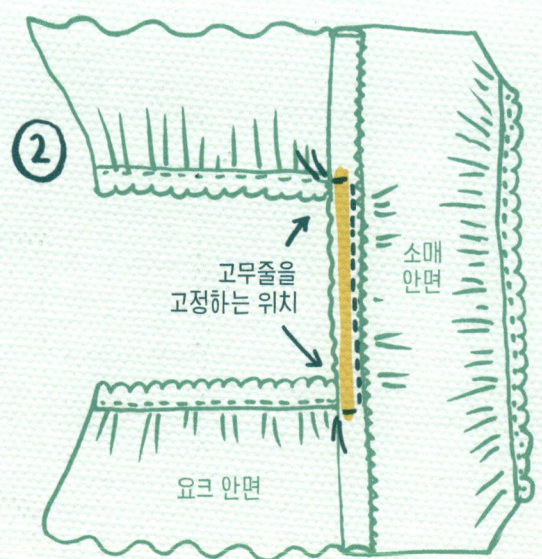

② 고무줄을 고정하는 위치

소매 안면

요크 안면

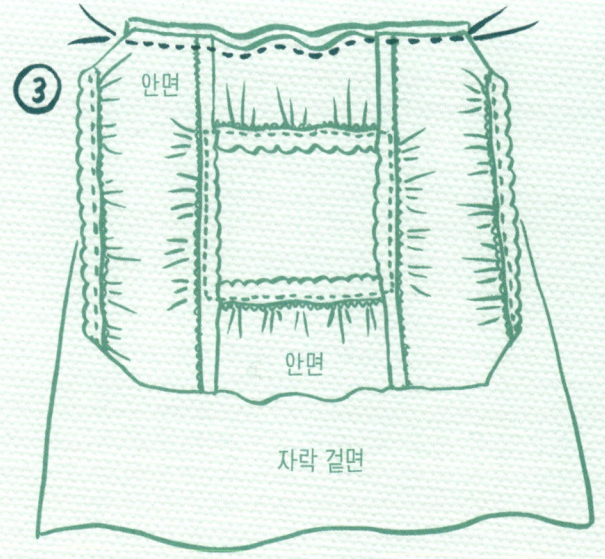

③ 안면

안면

자락 겉면

드레스 리네 74p

핀꽂이
PINNITYYNY

준비물
화려한 무늬가 있는 원단 / 접착심 /
실크 리본 / 충전재 솜

1 지름 약 20cm의 원형을 2장 자르세요. 한쪽은 윗부분이 되고 다른 한쪽은 밑부분이 될 겁니다.

2 10cmx25cm와 6cmx25cm 크기의 원단 조각을 각 2장 자르세요. 접착심을 같은 크기로 자르고 다림질하여 원단 조각에 붙이세요.

3 겉면끼리 마주대어 놓고 노루발만큼 거리를 남겨 박아주세요. 뒤집고 다림질하세요.

4 작은 조각의 한쪽 끝 시접은 안쪽으로 접고 다림질하세요. 실크 리본을 원단 사이로 집어넣어 솔기를 재봉틀로 박으면서 막으세요.

5 핀꽂이가 되는 원단을 윗부분에 배치한 후 고정하고 연결하세요. 실크 리본이 있는 쪽은 놓아두고 그 자리에 실크 리본의 반대쪽을 고정해 연결하세요.

6 원형 조각들을 겉면끼리 마주대어 놓으세요. 둘레를 따라 박아주는데 창구멍을 막지 않도록 주의하세요.

7 핀꽂이를 뒤집어 안에 솜을 넣으세요. 창구멍을 작은 스티치로 막으세요.

헤어밴드 업그레이드
PINNAN PIRISTYS

준비물 헤어밴드 / 얇은 면 / 풀

1. 2~3cm 넓이의 띠를 사선으로 자르세요. 띠의 한쪽 끝을 안면으로 접고 다림질하세요.
2. 헤어밴드의 한쪽 끝에 풀을 발라 띠의 다림질한 부분이 보이도록 띠로 헤어밴드를 덮으세요. 작업하면서 풀을 헤어밴드 면에 추가하세요.
3. 띠의 끝부분을 풀로 잘 붙이고 마무리하세요. 직접 만든 장미 장식으로 멋지게 완성하세요.

장미 장식
RUUSUKE

준비물
꽃잎을 위한 무늬 있는 면 / 패브릭 스티프너 /
파티 버전을 위한 단추나 작은 구슬들

꽃잎의 모양을 똑바로 자르지 않아도 되므로 아이들도 잘할 수 있을 거예요. 꽃잎의 모양이나 크기를 원하는 대로 선택하면 다양한 꽃을 만들 수 있어요. 꽃을 핀이나 헤어밴드에 붙이거나 브로치로 만들어보세요.

1. 장미의 꽃잎을 자르세요.
2. 꽃잎 한 개를 받침으로 배치하세요. 또 하나의 꽃잎을 선택하여 시작하는 부분에서 살짝 접은 후 받침으로 배치된 꽃잎과 연결하세요.
3. 한 단계씩 꽃잎을 추가하면서 꽃 모양으로 만드세요.
4. 맨 위에 배치되는 꽃잎을 둥글게 자르세요. 두 번 접고 가운데에서 꽃 중간 부분으로 바느질로 연결하세요.
5. 꽃 가운데에 단추나 작은 구슬을 추가하면 더욱 더 빛나는 꽃이 완성됩니다.
6. 패브릭 스티프너를 사용해 꽃의 모양을 마무리하세요.

봉제꽃
PEHMOKUKKA

도안 134p
준비물 면 / 폴리에스테르 솜

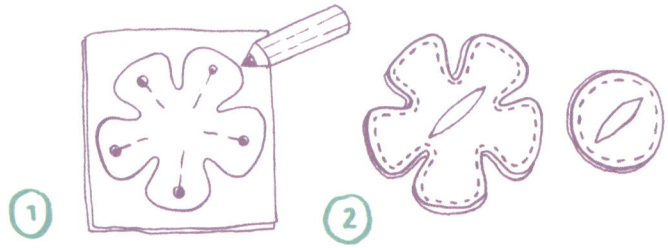

1 꽃의 도안이 넉넉하게 들어갈 수 있도록 원단 조각 2장을 자르세요.

2 겉면과 겉면을 마주 대고 원단에 꽃모양을 그려주세요.(그림 1). 선을 따라 재봉틀로 박아주세요.

3 원단에서 꽃을 자를 때 재봉틀로 박아준 선과 가깝게 자르세요.

4 가위로 가운데에 작은 구멍을 길게 만들고 조심스럽게 작업물을 뒤집으세요(그림 2).

5 꽃의 중앙 부분도 같은 방법으로 만드세요. 꽃과 꽃 중앙부 안에 솜을 넣으세요.

6 꽃과 꽃 중앙부의 창구멍을 맞춘 후 작은 스티치로 연결하세요.

Tip:
작은 작업물을 만들 경우,
가장자리를 따라 재봉틀로
박음질할 때 원단이 팽팽해질
수도 있으니 넉넉한 크기의 원단에
그리는 것이 좋아요.

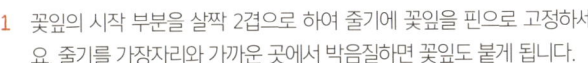

화환
KUKKAKOYNNOS

도안 134p
준비물 완성된 봉제꽃이나 리본 장식 / 줄기와 꽃잎 부분을 위한 녹색 면 /
줄기의 안쪽을 위한 비교적 굵은 끈

 ### 꽃잎

봉제꽃과 같은 방식으로 만듭니다. 꽃잎이 시작하는 부분을 창구멍으로 사용하
세요. 스티치한 부분과 가까운 곳에서 자른 후 뒤집어서 다림질하세요.

 ### 줄기

녹색 원단에서 4cm 넓이
의 바이어스 테이프를 잘라
(95p 참조) 2미터 길이의 끈 두 개로
연결하세요. 한쪽 끈에서 다양한 길이의
줄을 잘라주면 됩니다.

1 꽃잎의 시작 부분을 살짝 2겹으로 하여 줄기에 꽃잎을 핀으로 고정하세
   요. 줄기를 가장자리와 가까운 곳에서 박음질하면 꽃잎도 붙게 됩니다.

2 가지와 꽃잎을 긴 줄기 부분에 평탄하지 않게 핀으로 고정하세요. 줄기를
   가장자리와 가까운 곳에서 박음질하면 가지 부분도 붙게 됩니다.

3 옷핀을 사용해 끈을 긴 줄기의 안쪽에 집어넣으세요. 줄기 끝부분에 꽃잎
   을 핀으로 고정한 후 박음질하세요.

4 꽃과 잠자리는 화환에 손바느질하면서 연결하세요.

 ### 잠자리

도안 134p
준비물 면 / 충전재 솜

1 도안에서 나오는 것보다 더 크게 날개 부분 8개를 자르세요. 각 사이즈로
   4개를 만드세요.

2 봉제꽃과 같은 방식으로 만드는데 날개가 시작하는 부분을 창구멍으로
   남기세요. 겉면이 나오도록 날개를 뒤집어 다림질하세요.

3 몸통 부분을 같은 방식으로 만드세요. 이때 창구멍을 막지 않도록 주의
   하세요. 뒤집고 몸통 부분을 다림질한 후 솜을 살짝 안쪽으로 집어넣으세
   요.

4 창구멍이 있는 위치에 날개를 몸 양쪽에 배치하세요. 몸통 가장자리와 가
   까운 곳을 따라 박음질하면 날개도 동시에 연결됩니다.

5 손바느질하여 잠자리를 화환이나 드레스에 붙이세요.

원단으로 싼 구슬

준비물
나무 구슬 / 얇은 원단 조각 / 얇은 면실 /
풀 +약간의 물 / 얇은 막대바늘이나 한쪽 부분
이 뾰족한 스틱 / 비단실이나 고무줄

1   구슬을 넉넉하게 덮을 수 있도록 원단 조각을 자르세요. 구슬 개수만큼 약
    20cm 길이로 실을 자르세요. 풀과 물을 일대일로 희석시키세요.

2   풀을 구슬 면 전체에 바르세요. 안쪽 면이 위에 오도록 원단 조각을 테이블에
    넣고 구슬을 원단 가운데에 구슬 구멍이 보이도록 배치하세요(그림 참조).

3   원단 조각을 구슬 구멍으로 모으고, 뾰족한 막대기를 반대 면에서 원단과 구
    슬을 통해 집어넣으세요.

4   구슬에 최대한 가까이 막대기와 원단을 실로 타이트하게 감으세요. 실 끝에
    매듭을 만들어 마무리하세요.

5   구슬을 막대기에서 빼고 나머지 원단을 가능한 한 짧게 자르세요.

6   구슬을 다시 막대기에 집어넣고 감은 실 위에 풀을 바르세요. 풀이 마르도록
    구슬은 막대기에 놓아두는데, 구슬이 붙지 않도록 가끔 움직여주세요.

7   말린 구슬들은 큰 바늘을 이용해 줄에 꿰세요. 리본으로 묶을 수 있도록 줄은
    넉넉한 길이로 만드세요.

036

드레스
알비나 A 40p,
엘리나 C 97p,
리네 74p (왼쪽부터)

어떤 친구들은 수십 개의
머리핀이나 포니테일을 동시에 사용하는데
이런 일은 보통이죠! 드레스와 직물의 디자인이
단순하면 헤어스타일이 더 깜찍해 보여요.

단순한 도안을 선택하면 드레스를 아주 쉽게 만들 수 있답니다.
알비나, 엘리나(96p)와 아말리아(116p)는 초보자도 충분히 만들 수 있으며,
경력이 있다면 나풀거리는 드레스 자락도 쉽게 소화할 수 있어요.
라인이 단순한 드레스를 다양한 방법으로 더 멋지게 만들 수 있어요.
치맛자락에 들어가는 플라운스 꽃이나 소매에 들이기는
프릴은 성격이 까다로운 공주님의 마음을 녹여버리죠.
뒤에 단추 슬릿이 들어가면 드레스를 더 쉽게 입을 수 있고,
서랍 속에 오랫동안 잠자고 있던 진주단추 같은 소품들을
활용할 수 있는 기회가 생긴답니다.

🌸 플라운스 꽃

준비물 3cm 넓이의 긴 원단 / 롤단을 만들기 위한 오버로크나 재봉틀

1 잘린 원단 조각을 한 개의 긴 띠로 박아주면서 만드세요. 띠의 양쪽 가장자리에 롤단을 만드세요.

2 띠의 다른 가장자리에 2개의 주름잡기 실을 박아주세요. 만약 큰 꽃을 만드느라 띠가 너무 길면 주름잡기 실을 1미터 간격으로 박아주세요. 띠에 주름이 넉넉하게 생기도록 주름잡기 실을 당기세요.

3 드레스에 꽃의 중심부를 표시하세요. 드레스 원단이 아주 얇으면 꽃을 연결하는 부분에 접착심지를 작게 잘라서 안면에 붙여주세요.

4 띠의 한쪽은 표시한 곳에 배치하고 핀으로 고정하세요. 띠의 끝은 안 보이도록 깔끔하게 숨기세요.

5 핀으로 고정하면서 띠를 나선형으로 만드세요. 단과 단 사이로 약 1cm의 공간을 남기세요.

6 가장자리를 따라 플라운스를 나선형으로 박으면서 드레스에 붙이세요.

Tip:
롤단을 만들 때
플라운스 원단에서 잘 눈에
뛰는 배색 실을 선택하면
꽃의 단들이 재미있게
나타납니다.

알비나 드레스
ALVIINA

드레스 이미지와 미니 도안 120P

드레스 A

드레스 B

드레스 C

준비물

☐ 얇고 부드러운 면이나 혼방
☐ 트임 안단을 위한 접착심
☐ 한 개 이상의 단추
☐ 드레스 B: 오래된 면실 뜨개옷 혹은 면실, 대바늘
☐ 드레스 B: 길이 약 1m, 넓이 약 2,5cm의 트리코 원단 조각

도안 1A

☐ 앞장×1
☐ 뒷장×1
☐ 앞장 트임 안단×1
☐ 뒷장 트임 안단×1
☐ 소매1×2(드레스 A와 B)
☐ 소매3×2(드레스 C)

🌹 준비

* 드레스 사이즈에 맞게 원단을 자르세요. 트임 안단을 접착심에서 자른 후 다림질하며 붙이세요.

* **드레스 A**

앞에서 설명했던 플라운스 꽃을 만들어 박아준 다음 앞면에 연결하세요. 소매의 프릴을 위해 길이 40cm, 넓이 2.5cm 두 개의 띠를 자르세요. 띠들의 한쪽 가장자리에는 롤단을 박아주고 다른 한쪽에는 주름잡기 실을 박아주세요. 띠들에 주름을 만드세요.

* **드레스 B**

뜨개옷에서 모양이 좋은 주머니를 자르세요. 뜨개옷의 소매 끝동은 주머니의 윗부분 가장자리로 잘 어울립니다. 주머니를 직접 떠도 좋아요. 107p의 설명대로 트리코 원단을 이용해 커브가 있는 주머니의 가장자리를 마무리하세요. 주머니를 박음질하세요.

* **드레스 C**

드레스용 원단에서 길이 80cm, 넓이 3cm의 띠를 자르세요. 프릴 띠의 양쪽 긴 가장자리를 박아준 다음 롤단을 만드세요. 띠를 세 부분으로 자르세요(25cm 2장, 30cm 1장). 띠의 다른 짧은 끝을 마무리하고 접으세요. 띠들 가운데에 주름잡기 실을 박아주고 프릴을 만드세요. 띠를 앞장 윗부분에 박아주세요.

🌹 드레스 만들기

1 아래 나오는 설명과 같이 드레스에 단추 슬릿을 만드세요.
2 앞장과 뒷장의 어깨솔기 부분을 겉면끼리 마주대어 놓고 박아준 다음, 시접을 마무리하세요.
3 뒷면 트임 안단 부분을 가운데에서 자르세요. 앞과 뒤 트임 안단의 어깨솔기 부분을 박아주면서 연결하세요. 트임 안단의 밑 가장자리를 오버로크로 마무리하세요.
4 드레스 조각과 트임 안단을 겉면끼리 마주대어 놓고 배치하세요. 목둘레선에 핀을 고정한 후 박아주세요. 시접 부분에 가위집을 만들어 뒤집은 후 트임 안단이 안면으로 들어가도록 다림질하세요.
5 트임 안단 중간 뒷부분의 시접을 안쪽으로 접어 뒷장의 단추 슬릿 부분과 연결한 후, 가장자리와 가까운 곳에서 슬릿과 목둘레선을 따라 박음질하

세요. 트임 안단의 밑 가장자리도 박음질하세요.

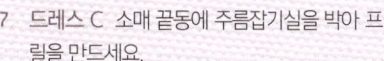

안면

6 드레스 A 소매 끝동에 프릴을 핀으로 고정한 후 박아주세요. 시접을 소매 쪽으로 다림질하고 박음질하세요. 드레스 B와 C 소매 끝동에 좁은 단을 만들며 박아주세요.
7 드레스 C 소매 끝동에 주름잡기실을 박아 프릴을 만드세요.
8 소매를 소매 진동에 핀으로 고정한 후 박아주세요.
9 소매의 밑 솔기와 드레스의 옆 솔기를 박아주세요.
10 드레스 자락에 단을 만들며 마무리하세요.

🌹 단추 슬릿

준비물 트임 안단을 위한 드레스용 원단 한 조각 / 트임 안단 크기만큼의 접착심 / 단추 고리를 위한 완성된 줄이나 직접 만든 줄 / 단추

1 뒷장의 목둘레선 가운데에 원하는 깊이의 단추 슬릿을 그리세요. 슬릿 라인과 나란히 단추 고리를 고정해서 바느질 하세요(그림 1).
2 드레스용 원단에서 슬릿보다 1.5cm 더 길고 5cm 더 넓은 띠를 트임 안단을 위해 자르세요. 필요하면 접착심을 사용하여 안면에 붙인 후 오버로크로 마무리하세요.

3 띠 가운데 슬릿 길이만큼의 줄을 그린 후 띠를 슬릿이 위치하는 곳에 겉면끼리 마주대어 놓고 핀으로 고정시키세요. 슬릿 줄 둘레를 따라 박아주세요(그림 2).
4 줄에 따라 조심하면서 슬릿 부분을 자르세요. 슬릿을 밑에서부터 박은 라인과 최대한 가까운 곳에서 자르세요. 이렇게 하면 트임 안단이 깔끔하게 안면으로 접게 됩니다. 실을 자르지 않도록 주의하세요!
5 트임 안단을 안면으로 접고 다림질하세요.
6 목둘레선 부분을 드레스 도안 설명에 따라 마무리하세요.
7 슬릿 위에 박음질한 후 단추를 고정하세요.

Tip:
바이어스 테이프를 이용해 슬릿의 단을 만들어도 좋아요.

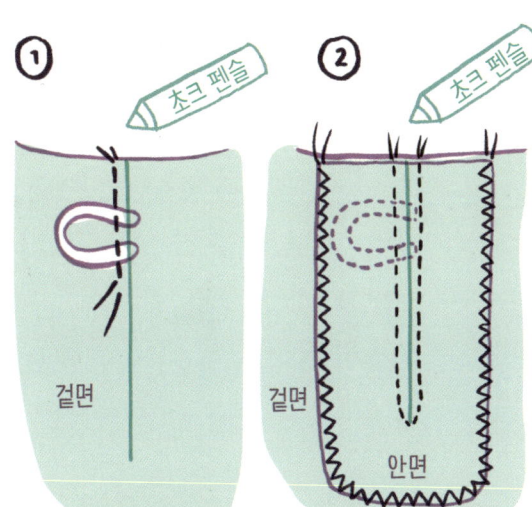

초크 펜슬

겉면

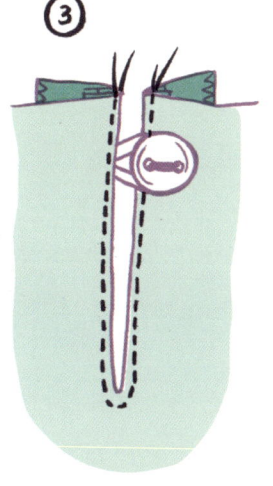

겉면
안면

드레스 아말리아 C 116p,
리네 A 74p, 알리나 B, 알리나 D,
알리나 E 52p (왼쪽부터)

해변에서
BANTARIEMUA
즐겁게

🌺 비치백

도안 135p

준비물 백의 바닥, 어깨줄과 끈을 통과시킬 부분을 위한 튼튼한 원단 / 굵은 끈 약 1m / 어깨줄 길이만큼의 접착심

원단 자르기
- □ 백의 겉감을 위한 원단(27cm×70cm)
- □ 백 바닥 부분을 위한 진 원단
- □ 바닥과 안감을 위한 안감용 원단(32cm×70cm)
- □ 바닥의 옆면 판(7cm×70cm)과 끈을 통과시킬 부분을 위한 진 원단(10cm×73cm)
- □ 어깨줄(8cm×35cm)을 위해 2장의 진과 접착심
- □ 어깨줄 조정 리본 패턴을 자른 2장의 원단(총 4장)

1. 조정 리본을 겉면끼리 마주대어 놓고 핀으로 고정시킨 후 긴 옆면을 박아주세요. 겉면이 나오도록 뒤집고 다림질하세요. 가장자리를 따라 가까운 곳에서 박음질하세요.

2. 접착심을 어깨줄의 안면에 다림질하세요. 어깨줄의 긴 옆면들은 겉면끼리 마주대어 박아주세요. 조정 리본 한 개를 어깨줄 안으로 집어넣고 어깨줄의 짧은 옆면을 박아주세요. 어깨줄을 뒤집으면 리본 부분이 나옵니다. 왔다 갔다 하며 어깨줄을 박음질하세요(그림 1).

3. 플라운스 꽃을 만들어 백 가운데에 박아주세요.

4. 백의 겉감과 바닥의 옆면을 겉면끼리 박아주세요. 시접을 아래로 다림질하고 솔기를 박음질하세요. 백 조각들을 겉면끼리 마주대어 접고 튜브 모양으로 박아주세요(그림 2).

5. 바닥 부분을 바닥 옆면의 밑 가장자리에 겉면끼리 마주대어 핀으로 고정시키세요. 조정 리본 중 한 개를 조각들 가운데, 백의 뒷솔기에 핀으로 고정시키세요. 솔기를 박아주고 시접을 위로 다림질한 후 박음질하세요.

6. 안감을 겉면끼리 마주대어 접고 튜브 모양으로 박아주세요. 안감의 바닥 부분을 핀으로 고정시킨 후 튜브의 밑 가장자리에 박아주세요. 뒤집기를 위해 창구멍을 꼭 남기세요!

7. 어깨줄과 끈을 통과시킬 통로의 짧은 면들을 마무리하고, 1cm 넓이의 단을 다림질한 후 박음질하세요. 어깨줄과 끈을 통과시킬 통로를 두 번 겹쳐 백의 위 가장자리에 겉면끼리 마주대어 놓고 핀으로 고정시키세요. 어깨줄과 끈을 통과시킬 통로의 열려 있는 끝부분들은 백의 앞면, 플라운스 꽃이 있는 위치에 나오게 됩니다. 어깨줄은 어깨줄과 끈을 통과시킬 통로와 백의 겉면 가운데 뒷 솔기가 있는 위치에 핀으로 고정시키세요. 각 조각들을 연결해 박으세요(그림 3).

8. 백의 겉감은 안감 안으로 겉면끼리 마주대어 집어넣고 백의 입구를 박아주세요. 겉면이 나오도록 백을 뒤집고 창구멍을 막아주세요. 안감을 겉감 안으로 집어넣고 백의 위 가장자리를 박음질하세요.

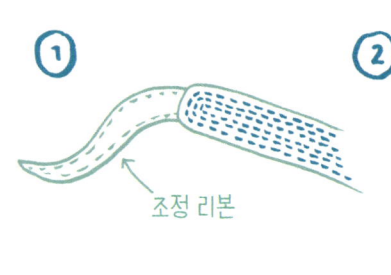

조정 리본

백 조각 안면

바닥의 옆 가장자리 조각

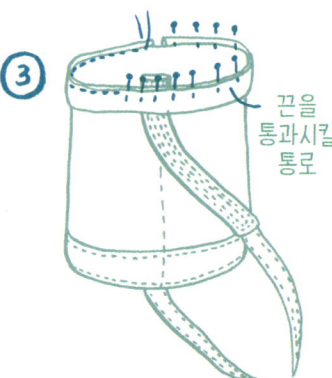

끈을 통과시킬 통로

🌺 어깨 파우치

도안 135p

준비물 겉감용 원단 / 안감 / 15cm 길이의 지퍼 / 약 90cm 줄(어깨줄은 코바늘로 만들어도 좋고 직접 박아도 좋습니다)

1   위와 밑 부분을 겉감용 원단 2장, 안감용 원단 2장을 자르세요.

2   도안 표시를 참조하고 밑부분 위 가장자리에 주름 장식을 만든 후 윗부분에 연결하세요. 솔기를 다림 질하고 위로 박음질하세요.

3   지퍼를 윗부분의 위 가장자리에 겉면끼리 마주대어 놓고 안 감을 그 위에 배치하세요(그림 1). 지퍼와 파우치 부분을 박아 연결하세요.

4   지퍼의 한쪽 가장자리가 나오도록 겉감과 안감을 뒤에 접으 세요. 파우치의 다른 입구도 같은 방법으로 연결시키세요.

5   지퍼를 여세요. 겉감은 겉면끼리 마주대어 놓고 파우치의 둘레를 따라 박아주세요(그림 2). 안감도 같은 방법으로 하는데, 안감에는 창구멍을 꼭 남기세요.

6   겉감과 안감의 모서리를 박아주세요(그림 3).

7   파우치를 뒤집고 창구멍을 작은 스티치로 막아주세요.

8   안감을 겉감 안으로 집어넣으세요. 지퍼와 가까운 곳 을 따라 파우치의 위 가장자리를 박음질하세요. 어 깨줄은 파우치 옆면에 연결시키세요(그림 4).

③ 안면

겉감용 원단 안면

① 겉면   안감 겉면

② 안감 안면   창구멍

④

드레스
카타리나 B
28p

🌺 트위스터 담요

준비물 140cm×170cm 크기의 단순한 색의 담요 / 파랑, 빨강,
노랑, 녹색 톤의 면 조각들 / 동그라미의 배경을 위한
하얀색 면(양면 접착심지)

1 지름 약 19cm 크기의 원형을 그리세요.

2 각 컬러별로 6개의 원형을 자르세요.

3 하얀 원단에서 같은 크기의 원형 24개를 자르세요.

4 색깔 있는 원형과 하얀 원형을 겉면끼리 마주대어 놓고 박아주세요. 창구멍을
남기세요.

5 뒤집은 다음 원형을 다림질하세요. 그런 후 접고 창구멍의 시접을 안쪽으로 집
어넣으세요.

6 완성된 원형들은 담요 위에 균형 있게 약 10cm 간격으로 배치하세요. 원형을
붙일 때 양면 접착심지를 사용해도 좋아요.

7 가장자리를 따라 원형을 담요에 박아주세요.

🌺 깃발

도안 135p
준비물 작은 원단 조각들 / 바비큐 스틱
/ 풀과 물 약간

원단에서 작은 깃발 모양을 자르세요. 안면에 풀
과 물 믹스를 바르고 깃발은 바비큐 스틱에 감으
세요. 바람에 깃발이 흔들리게 꽂아 놓으면 바닷
가의 가장 멋진 성이 완성됩니다!

알리나 드레스
ALINA DRESS

드레스를 다양하게!

알리나 드레스의 도안을 참고해서 다양한 목적으로 이용할 수 있는
드레스를 만들어보세요. 자락의 길이를 늘리거나 주름 장식을 여기저기
추가하면 분위기와 스타일이 달라집니다.

허리에 멋진 띠를 추가하거나 윗부분에 목 뒤에 묶는 비키니 조각을
추가할 수도 있어요. 앞에 작은 앞치마를 붙여주면 너무나 귀여운 드레스로 변해요.
더 이상 쓰지 않는 리넨을 재활용하면 잘 어울린답니다.
또한 여러 가지 원단을 합치면 드레스가 더 다양하게 보여요.
심플한 여름 드레스는 한 종류의 원단으로 만드는 것이 좋지만, 좀 더 와일드한
버전을 만들고 싶으면 모든 남아 있는 예쁜 원단 조각들을 이용해 각 부분에 따
로 사용하면 개성 넘치는 드레스가 된답니다. 드레스 장식에는 제한이 없어요.
아플리케, 리본 장식, 레이스, 가두리 장식과 단추까지
다양한 방법으로 분위기를 바꿀 수 있죠.

알리나 드레스
ALINA

드레스 이미지와 미니 도안 118P

준비물
- 겉감과 안감을 위한 얇고 부드러운 면
- 고무줄 60, 66, 72, 78 cm
- 드레스 A와 B: 약 40cm 레이스
- 드레스 C: 길이 100, 110, 120, 130cm와 넓이 4~5cm의 레이스

앞

드레스 A

뒤

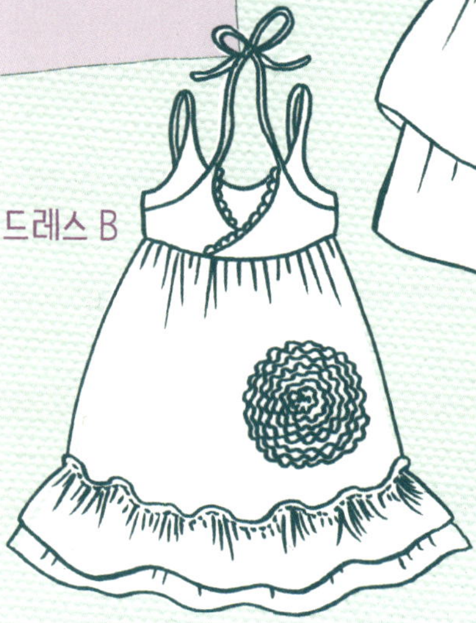

드레스 B

드레스 C

도안 1B
- 앞장×1 +안감×1
- 뒷장×1
- 가슴 부분×2(드레스 A와 B)
- 앞치마×1(드레스 E)
- 알리나 드레스 치맛자락 치수는 118p

드레스 D

드레스 E

 준비

* 설명에 따라 원단을 자르세요.
* 어깨 끈을 위한 얇은 띠를 준비해 박아주세요(30cm 2개).
* 고무줄을 3부분으로 자르세요.
* 드레스 A와 B 가슴 부분 리본을 준비해 박아주세요(45cm 2개).

* 드레스 A
치맛자락 치맛자락과 자락 프릴 옆 솔기를 박아 오버로크로 마무리하세요. 길이 약 1.5m와 넓이 3cm의 가두리 장식을 자르세요. 안면끼리 마주대어 놓고 두 번 접은 후 다림질하세요. 가두리 장식을 자락의 밑 가장자리에 연결하세요.

자락 프릴 밑 가장자리에 단을 만들고 주름잡기 실을 윗부분 가장자리에 박아주세요. 실을 당겨 주름이 들어가도록 하고 치맛자락 밑에 연결해 박아주세요.

* 드레스 B
치맛자락 치맛자락과 자락 프릴 옆 솔기를 박고 마무리하세요. 자락 프릴의 양쪽 긴 가장자리에 롤단을 만들어 박아주세요. 겉면이 위에 나오고 위 가장자리가 서로 맞도록 두 개의 자락 프릴을 겹치세요. 주름잡기 실을 박아주면서 자락 프릴이 서로 연결됩니다. 실을 당겨 주름이 잡히도록 하고 핀으로 고정한 후 자락의 밑 가장자리에 재봉틀로 박아주세요(그림 1).

* 드레스 C
치맛자락 윗자락의 옆 솔기를 박아주세요. 밑 가장자리에 단을 만들고,

위 가장자리에 주름잡기 실을 박아주고 실을 당겨 주름을 만드세요. 밑 자락을 같은 방식으로 만드세요. 자락 안감의 옆 솔기를 박아주고 오버 로크로 마무리하세요. 겉면끼리 마주대어 놓고 밑자락을 안감단의 밑 가 장자리에 연결되도록 박아주세요. 주름을 만든 윗자락을 안감단의 위 가 장자리에 배치하여 함께 연결하세요(그림 2).

＊ 드레스 D
35p에 있는 설명을 참고하여 잠자리를 만드세요.

＊ 드레스 E
앞치마 앞치마의 가장자리를 마무리하세요. 시접은 안면으로 접고 앞치 마의 둥근 가장자리에 레이스를 넣어 박아주세요. 앞치마를 앞자락의 위 가장자리에 고정해서 바느질 하세요.

리본 띠 띠(7cm×130, 140, 150, 160cm)를 자르고 가장자리를 마무 리하세요. 시접은 안면으로 접고 가장자리를 따라 박음질하세요.

앞장 레이스를 앞장의 위 가장자리에 올려놓고 고정해서 바느질 하세 요.

🌹 드레스 만들기

＊ 윗부분
1 앞장과 앞장의 안감은 겉면끼리 마주대어 놓고 배치하세요. 묶는 끈을 원단 사이에 집어넣고 앞장의 위 가장자리를 박아주세요(그림 3). 시접을 얇게 하고 겉면이 나오도록 앞장을 뒤집어 다림질하세요.

2 드레스 A와 B 가슴 부분의 사선 가장자리를 오버로크로 마무리하세요. 마무리된 시접은 안면으로 접고 가장자리와 가까운 곳에서 박음질하세 요. 가슴 부분의 앞장에 레이스를 박아주고 묶음 리본 끈을 연결하세요. 가슴 부분을 앞장 위에 겹쳐서 올려놓고 옆 솔기와 밑 가장자리에 연결 하세요(그림 4).
드레스 C 레이스를 두 부분으로 자르고 앞장의 양옆 솔기에 고정하세 요.

3 뒷장을 안면끼리 마주대어 놓고 반으로 접으세요. 도안에서 표시한 대로 고무줄이 들어가는 통로를 박아주세요. 고무줄을 통로에 집어넣은 후 옆 솔기에 고정하세요.

4 앞장을 다시 안면으로 접으세요. 뒷장은 앞장과 안감 사이에 겉면끼리 마주대어 놓고 배치하세요(그림 5). 핀으로 고정하여 옆 솔기를 박아주세 요.

5 윗부분을 겉면으로 뒤집어 앞장의 위 가장자리를 박음질하세요.

＊ 윗부분과 치맛자락 연결하기
6 치맛자락의 위 가장자리에 주름잡기 실을 박아주세요. 자락에 주름을 만 들어 윗부분에 겉면끼리 마주대어 놓고 핀으로 고정하세요. 솔기를 박아 주시고 시접을 오버로크로 마무리하세요.

7 어깨 끈을 드레스의 뒷장에 박아주시고 붙이도록 하세요.

＊ 마무리
드레스 B 치맛자락에 플라운스 꽃을 박아주세요(39p 참조).
드레스 D 드레스의 허리 부분에 잠자리를 박아주세요.
드레스 E 앞장의 허리 부분에 리본 띠를 가장자리를 따라 박음질하세요.

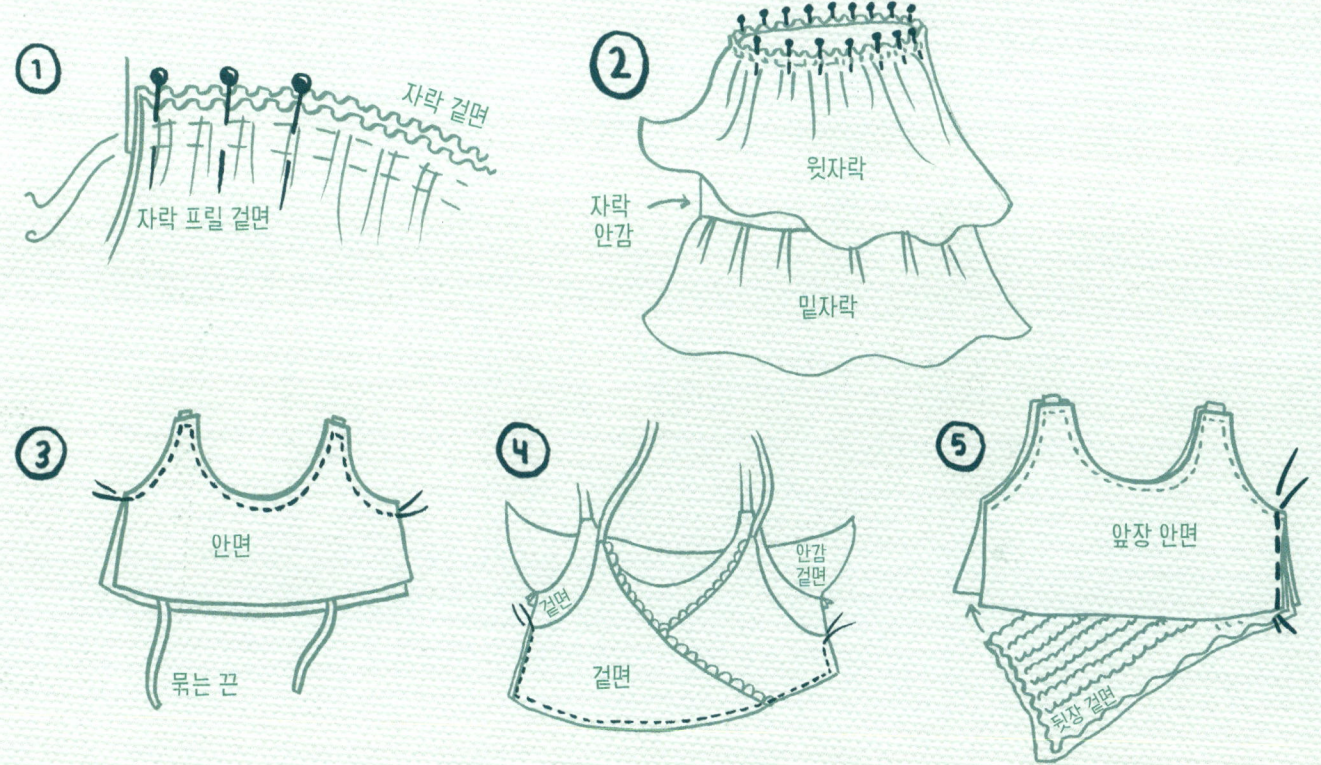

인형
BANTARIEMUA
놀이

기저귀
VAIPPA
도안 136p

준비물
- □ 기저귀의 겉면, 안감 조각과 흡수 부분을 위한 탄성 직물(예를 들어 트리코직, 벨루어, 테리 직물)
- □ 3cm 넓이의 벨크로 페이프 10cm
- □ 좁은 고무줄 20cm

준비
- □ 기저귀의 도안을 그리세요(도안에 시접 포함).
- □ 2개의 기저귀 조각을 자르세요.
- □ 기저귀의 흡수 부분을 자르세요(8cm×20cm).

1. 도안에서 표시된 대로 흡수 부분을 기저귀 안쪽 부분의 안면으로 배치하고 연결하세요.

2. 고무줄을 두 개로 자른 후 기저귀의 안쪽 부분 안면에 지그재그로 연결하세요. 박아주면서 고무줄을 늘려주세요.

3. 기저귀 조각을 안면끼리 마주대어 놓고 오버로크로 가장자리끼리 연결하세요.

4. 고무줄을 늘려 다시 한 번 겉면 위에 지그재그로 박아주면 겉면에 붙게 됩니다.

5. 붙어 있는 찍찍이(벨크로 테이프)를 떼세요. 찍찍이의 연한 면을 기저귀의 앞 가장자리 겉면에 박아주세요.

6. 찍찍이의 거친 면을 도안에서 표시된 대로 조각으로 자르고, 그것들을 기저귀 뒷장 가장자리의 안쪽에 박아주세요.

드레스
오렐르마 B 99p

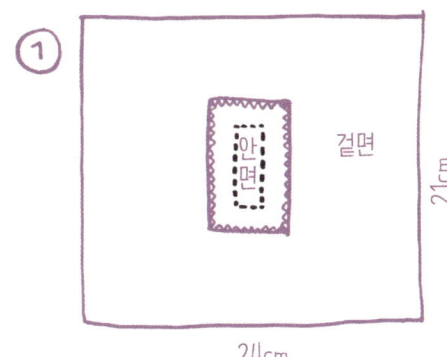

🌹 티슈

도안 136p

준비물

☐ 포장지와 뚜껑을 위한 면
☐ 표시 배경을 위한 하얀 면
☐ 스캐너, 잉크젯 프린터기, 트랜스퍼 미디엄이나 전사지
☐ 표시를 붙이기 위한 양면 접착심지
☐ 벨크로 테이프 약 5cm
☐ 지그재그 가위
☐ 티슈를 위한 하얀 트리코직

1 136p '티슈' 글자를 스캔하여 하얀 면에 전사하세요(설명 15p). 시접을 넉넉하게 남기고 원단을 자르세요.

2 뚜껑 원단을 2장 자르세요. 겉면끼리 마주대어 놓고 핀으로 고정한 후 가장자리를 따라 박아주세요. 이때 작은 창구멍을 남기세요. 뚜껑을 뒤집고 창구멍의 시접을 안면으로 접어 다림질한 후 가장자리를 따라 박음질하세요.

3 접착심지를 티슈 글자의 안면에 다림질하고 표시를 뚜껑에 다림질하면서 붙이세요. 글자의 가장자리를 따라 박음질하세요.

4 포장지(21cm×24cm)와 창구멍의 트임 안단(7cm×11cm)을 자르세요. 트임 안단의 가장자리를 오버로크로 마무리하세요. 겉면끼리 마주대어 놓고 트임 안단을 포장지 중심 부분에 배치하세요. 트임 안단 가운데 약 3cm×7cm 크기의 직사각형을 그리고 바느질 하세요(그림 1).

5 트임 안단 가운데 구멍을 자르세요(그림 2). 안쪽 모서리 부분에 가위집을 넣고 자르세요. 트임 안단을 안면으로 접고 다림질한 후, 구멍의 가장자리를 따라 박음질하세요. 티슈를 구멍을 통해 꺼낼 때 트임 안단이 움직이지 않도록 구멍에서 약간 떨어진 곳에 추가로 박음질하세요.

6 구멍이 덮이도록 뚜껑을 포장지에 핀으로 고정시키세요. 긴 가로의 가장자리를 따라 박음질하여 뚜껑을 붙이세요.

7 뚜껑과 포장지 원단에 벨크로 테이프의 양쪽을 박아주세요.

8 가장자리에서 약 1cm를 남기고 포장지의 양쪽 긴 가장자리를 좁은 지그재그로 몇 번 왔다 갔다 하며 박아주세요(그림 3).

9 포장지의 짧은 면들은 겉면끼리 마주대어 놓고 포장지를 긴 통의 모양처럼 박아주세요. 포장지를 뒤집고 뚜껑이 포장지의 가운데 나오도록 배치하세요.

10 열려 있는 가장자리를 지그재그 가위로 자르세요. 한쪽 끝에 벨크로 테이프를 박아주고, 다른 한쪽은 좁은 지그재그로 박으면서 막으세요.

11 하얀 트리코직에서 작은 조각들을 잘라 티슈를 만들고 깔끔하게 접은 후 포장지 안으로 집어넣으세요.

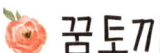 ## 꿈토끼

도안 137p
준비물 벨루어나 비슷하게 부드러운 원단 / 충전재 솜 / 자수 실

1 토끼가 넉넉하게 들어가도록 두 개의 조각을 자르세요.

2 조각을 겉면끼리 마주대어 놓고 토끼 도안을 원단에 그리세요.

3 선에 따라 박아주면서 창구멍을 남기세요.

4 토끼를 원단에서 자르세요. 작은 시접을 남기고 가위집을 만드세요.

5 토끼를 뒤집어 안에 솜을 넣으세요. 손 바느질로 창구멍을 스티칭 하여 막아주세요.

6 꼬리를 위해 동그란 모양을 자르고 안에 솜을 집어넣은 후 붙이세요. 눈과 코를 수놓습니다.

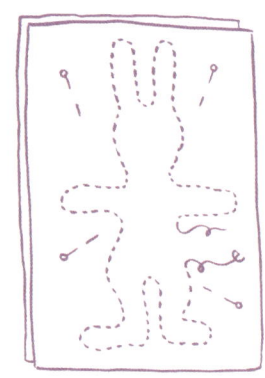

턱받이

도안 137p
준비물 두 종류의 면 / 바이어스 테이프 약 15cm / 벨크로 테이프 한 조각

준비
턱받이의 도안을 복사하세요. 도안에 나오는 주머니를 별도의 도안으로 그리세요. 턱받이를 두 개의 서로 다른 원단에서 자르거나 두 개로 겹친 같은 원단에서 자르세요. 주머니는 겹치지 않은 원단에서 자르세요.

1 주머니 위 가장자리에 바이어스 테이프를 재봉틀로 박아주세요(설명 95p).

2 턱받이 조각들은 겉면끼리 마주대어 놓고 주머니를 가운데에 배치하세요. 턱받이의 둘레를 따라 박아주면서 창구멍을 남기세요.

3 작업물을 뒤집어 다림질하세요. 가장자리와 가까운 곳에서 위로 박음질 하면서 동시에 창구멍을 막게 돼요.

4 벨크로 테이프의 양쪽을 떼어 도안에서 표시된 대로 박아주세요.

포대기
KANTOLIINA

준비물
- □ 지름 약 4cm의 두 개의 링
- □ 얇고 부드러운 스카프나 비슷한 원단(50cm× 140cm)

1 포대기의 가장자리에 좁은 단을 만들어 재봉틀로 박아 주세요.

2 두 개의 링을 원단의 한쪽 끝에 박아주세요. 원단을 약 7cm 접은 후 박으면서 막으세요(그림 1).

3 열려 있는 원단을 링을 통해 통과시키세요 (그림 2). 그리고 한 번 더 한 개의 링을 통해 통과시키세요(그림 3).

① 접은 부분 약 7cm

②

③

아플리케
꽃 만들기
APPLIKOI
KUKKANEN

아플리케로 새 옷을 장식할 수 있고, 오래된 옷에
변화를 주어 새롭게 할 수도 있답니다. 대개 무늬가
있는 원단으로 아플리케를 할 때는 조각들을 꿰매
줍니다. 양면 접착심지로 원단을 튼튼하게 한 후
종이를 자르듯 원단을 자르는 것이 아주 쉽기 때문에 그림을
디자인하는 것에서부터 자르기까지 아이들과 함께할 수 있어요.

아플리케의 모티브를 드레스 원단 패턴에서도 찾을 수 있어요. 다음 페이지에 나오는 미아 드레스에서는
배경 원단에서 꽃 모양 하나를 선택해 확대한 후 단 부분에 박음질을 했어요. 단색의 드레스에는 다양한 패턴을 가진
색채가 풍부한 아플리케기 어울리고, 무늬가 다양한 드레스의 아플리케는 단순한 모티브로 만들면 좋습니다.
아플리케의 가장자리 둘레를 따라 눈에 잘 띄는 실로 지그재그 스티치 하면 재미있는 만화 같은 느낌이 생겨요.
단추나 자수 실을 추가하면 입체감 있는 아플리케가 된답니다.

이 책에 소개한 아플리케 모티브들은 배경 원단에 스트레이트 스티치를 놓아 가장자리가 자연스러워요.
원단이 너무 닳지 않도록 아플리케의 둘레를 따라 2~3번 재봉틀로 왔다 갔다 박음질하면 좋습니다.
박음질할 때 반짝이는 특수 실을 쓰면 눈에 잘 띈답니다.
물론 보통 실도 사용해도 괜찮아요.

 ## 양면 접착심지를 사용해 아플리케 만들기

준비물 양면 접착심지 / 무늬 있는 원단 / 재봉틀 사용 자수 실 / 접착
심지

준비
□ 무늬 있는 원단은 아주 얇으면 양면 접착심지를 붙이기 전에 뒤에 접
  착심지를 다림질해서 붙이세요. 만약 배경 원단이 얇으면 나중에 떼
  어낼 수 있는 접착심지를 안면에 다림질해서 붙이세요. 아플리케 하
  는 부분을 잘 고정시키면 작업이 더 쉽고 마무리가 깔끔해져요.
□ 주의! 글씨의 경우 접착심지에 반전 이미지로 그려야 합니다.
□ 재봉틀의 윗실을 느슨하게 하세요.

1 원하는 모티브를 양면 접착심지에 그리세요. 모티브를 여러 원단에
  사용할 거라면 각 부분을 따로 그리세요.
2 가장자리에 충분히 공간을 남기고 모티브를 자르세요.

3 원단에서 넉넉한 크기의 조각을 자르세요. 배경 원단과 아플리케 모
  티브의 실 방향이 같은지 확인하세요.
4 양면 접착심지 풀이 들어가는 면을 모양이 있는 원단의 안면에 놓고
  다림질하세요.
5 가장자리에 따라 모티브를 자르세요.
6 양면 접착심지의 종이를 벗겨내고 바탕
  원단에 다리미로 붙이세요.
7 모티브를 원단에 스트레이트 스
  티치나 지그재그로 박아 마무리
  하세요.

Tip:
다림질할 원단과 양면
접착심지 사이에 베이킹페이퍼를
놓으면 다리미에 풀이 묻지
않아요.

앞   뒤

준비물
☐ 드레스와 요크의 안감을 위한 면
☐ 어깨 끈과 요크를 위한 접착심지
☐ 아플리케를 위한 원단 조각과 양면 접착심지
☐ 가두리 장식 안에 들어가는 끈 80cm
☐ 단추 2~3개

도안 1B
☐ 요크×2+안감×2+접착심지×2
☐ 자락×2
☐ 어깨×2+접착심지×2

드레스 이미지와
미니 도안 129P

🌹 드레스 만들기

1 겉면끼리 마주대어 놓고 어깨 부분을 두 번 겹쳐 통처럼 재봉틀로 박아주세요. 뒤집어 다림질하고 가장자리를 박음질하세요.

2 겉면 요크 부분의 옆 솔기를 겉면끼리 마주대어 놓고 박아주세요. 안감을 같은 방법으로 하고 안감의 밑 가장자리를 오버로크로 마무리하세요.

3 도안 표시에 따라(그림 1) 어깨 끈들은 겉으로 나오는 원단의 요크 부분 위 가장자리에서 핀으로 고정해 박으세요.

4 요크 부분의 겉쪽과 안감을 겉면끼리 마주대어 놓으세요. 요크의 위 가장자리에 핀을 고정시킨 후 박아주세요. 시접들에 가위집을 만드세요.

5 41p의 설명을 참고해 뒷자락의 위 가장자리에 단추 고리 없이 슬릿을 자르세요.

6 아플리케가 배치될 안의 옆 솔기를 박고 마무리하세요. 아플리케가 크면 자락의 한쪽 옆 솔기가 열려 있는 상태에서 박기가 더 쉽습니다. 앞에서 설명한 대로 아플리케를 작업하세요.

7 자락의 다른 한쪽 옆 솔기를 박아주고 마무리하세요.

8 가두리 장식 부분을 두 번 접은 후 끈을 안에 집어넣으세요. 끈과 가까운 거리에서 박음질하세요.(그림 2).

Tip: 가두리 장식을 만들 때 재봉틀의 지퍼 노루발을 사용하면 좋아요.
가두리 장식을 요크 아래쪽 가장자리에 연결하세요.

9 자락의 위 가장자리에 주름잡기 실을 박아주고 요크 부분에 어울리도록 주름을 만드세요. 자락은 겉쪽 요크 부분의 밑 가장자리에 겉면끼리 마주대어 놓고 핀으로 고정시킨 후 박아주세요. 시접은 위로 요크 부분 쪽에 나오도록 다림질하세요.

10 단추 고리를 겉쪽 요크 부분 중간 뒤 가장자리에, 원단의 오른쪽에 고정해 바느질 하세요(그림 3).

11 겉쪽과 안감의 겉면끼리 마주대게 요크를 뒤집으세요. 그 다음 중간 뒤 가장자리를 박아주세요(그림 4).

12 요크 부분을 겉면이 나오도록 뒤집어 다림질하고 요크 부분의 둘레를 따라 박음질하세요. 박음질할 때 안감의 시접은 밑으로 나오도록 하세요(그림 5).

13 자락에 단을 만들고 단추를 박아주세요.

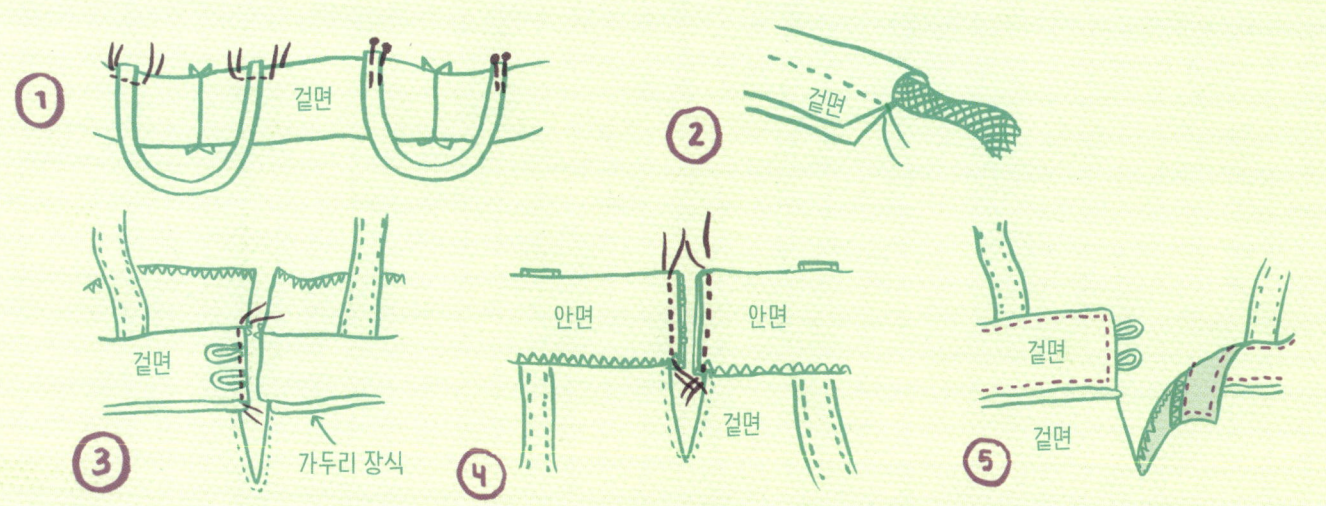

구멍가게
KIOSKI

구멍가게의 프레임은 간단해서 작업하기가 쉬워요.
기본적인 도구와 목판 두 개만 있으면 충분하답니다.
그림을 참고하여 원하는 프레임을 만들어보세요.

톱을 이용해 합판으로 간판을 만드세요.
칠판용 페인트로 칠하면 놀이가 바뀔 때마다
구멍가게의 이름을 바꿀 수 있어요.
같은 프레임이 놀이에 따라 꼭두각시
극장이나 마굿간 등 아이들의
아이디어에 따라 다양하게 재활용할 수 있어요.

 깃발

도안 137p
준비물 무늬 있는 면 / 바이어스 테이프(설명 95P)

1   깃발의 도안을 복사한 후 무늬 있는 원단에서 자르세요.
2   겉면끼리 마주대어 놓고 노루발만큼 거리를 남긴 후 원단에 가장자리를 따라 박아주세요. 이때 위 가장자리는 박지 마세요. 깃발들을 뒤집어 다림질하세요.
3   완성된 바이어스 테이프를 사용하거나 직접 만든 바이어스 테이프를 사용하세요. 적당한 간격으로 바이어스 테이프 사이사이 깃발들을 배치하세요.
4   바이어스 테이프의 가장자리를 박을 때 깃발들이 제자리에 붙게 됩니다.

드레스 카롤리나 77p,
마틀레나 A 109p, 리네 B 74p,
알리나 C 52p (왼쪽부터)

음료 박스
KIOSKI

음료 박스는 목판의 조각과 얇은 합판으로
만들었으며, 전에 쓰다 남은 밝은 색의
페인트로 칠했어요.
라벨을 확대해 스텐실 페이퍼나 종이에
프린트한 후, 글자를 오려 원하는 위치에
페인트가 묻은 스펀지로 칠하세요.

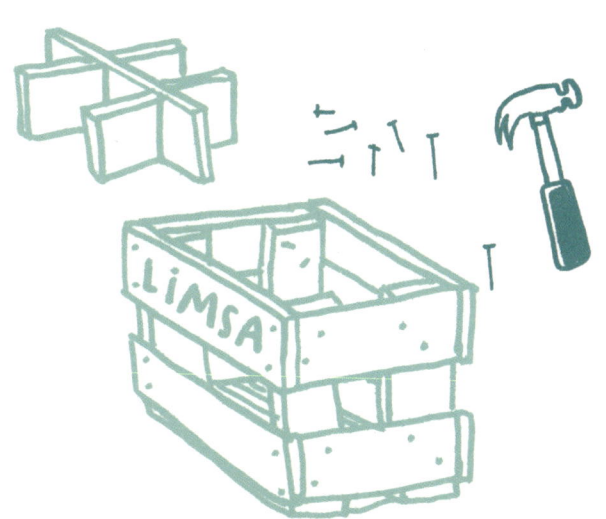

라벨

준비물 스캐너와 프린터기 / 컬러 복사지 / 종이용 풀

137p의 라벨을 스캔하거나 아이가 따로 원하는 라벨이 있으면
직접 그려보세요. 라벨을 컬러 복사지에 프린트한 후 모양에 따
라 오린 다음 풀로 붙이세요.

재활용 원단으로 드레스 만들기

조금 낡은 빈티지 드레스나 오랫동안 서랍에 잠들어 있던 식탁보에서
새로운 드레스를 만들어 입는 아이는 행운의 소녀가 아닐까요!
재활용 원단들은 여러 종류를 합치는 작업에 아주 잘 어울립니다.
화려한 리네 드레스를 입은 소녀는 마치 꽃밭과 같아요.
단에는 미나리아재비가 가슴에는 제라늄, 어깨에는 데이지 꽃이 있네요.

원단을 합칠 때는 과감하게 하세요. 먼저 비슷한 색깔이나 모양을 찾으면서 디자인하세요.

다양한 크기와 모양, 또는 서로 완전히 다른 색깔을 나란히 맞춰도 좋습니다.

치맛자락을 가두리 장식에 연결할 때 드레스 윗부분에 비슷한 색이 있으면 저절로 멋진 작품이 완성된답니다.

예전에 드레스를 만들고 남은 조각들은 새로운 프로젝트의 디테일한 부분을 위해 보관하는 것이 좋아요.

한 가지 규칙이 있다면 하나의 드레스에 두께나 종류가 너무 다른 원단은 선택하지 않는 것이 좋아요.

직물들마다 특징이 있고 신경 써야 하는 부분들이 있기 때문에 어색한 조합이 될 수도 있답니다.

다만, 주머니 같은 경우는 좀 더 두꺼운 원단으로 만들어주어도 괜찮습니다.

오래된 원단을 간직한 분들은 원단의 상태를 잘 살펴볼 필요가 있어요.

바래거나 많이 부드러운 옷감은 계속적으로 입거나 빨면 오래갈 수 없기 때문이에요.

원단의 상태가 튼튼한지 확실하게 실험해보세요.

리네 드레스
RIINE DRESS

리네
드레스
RIINE

드레스 이미지와 미니 도안 130P

앞　뒤

드레스 A

드레스 C

드레스 B

드레스 D

드레스 E

준비물
☐ 겉면과 안감을 위한 부드러운 면
☐ 단추 2~3개
☐ 드레스 C 레이스 2m
☐ 드레스 D 레이스 1.1m
☐ 드레스 D 양면 접착심지와 말 아플리케를 위한 면
　실(도안 139p) : 바이어스 테이프 만들기 95p
☐ 드레스 E 레이스 원단

도안 2A
☐ 앞 요크×1+안감×1
☐ 뒤 요크×2+안감×2
☐ 자락×2

도안 1A
☐ 소매 3×2(드레스 A와 B)
☐ 소매 2×2(드레스 D)
☐ 소매 4×2(드레스 E)

드레스 B의 자락 부분 프릴 치수는 130p를 참고하세요.

🌹 준비

* 설명에 따라 드레스용 원단을 자르세요.
* 단추 고리를 위해 두 개의 얇은 띠를 박아 만드세요.

* 드레스 B
치맛자락 자락 부분과 자락 프릴의 옆 솔기를 박아 마무리하세요. 넓이 3cm의 가두리장식을 자락 부분을 위해 약 120cm 자르고 앞 요크 부분의 밑 가장자리를 위해 약 30cm 자르세요. 가두리장식을 두 번 접고 안 면끼리 마주대어 놓은 후 다림질하세요. 가두리장식을 자락 밑부분에 배치하여 연결하세요. 자락 프릴의 밑 가장자리에 단을 만들어 박고, 위 가 장자리에 주름잡기 실을 박아주세요. 겉면끼리 마주대어 놓고 주름을 만들어 자락 부분에 박아주세요. 시접을 마무리하세요.

* 드레스 C
가슴과 어깨 주름 장식을 위해 넓이 8cm, 길이 2m 띠를 자르세요. 같은 길이의 레이스를 자르고 주름 장식의 한쪽 가장자리 겉면 위에 올려놓고

연결하세요. 원형 모양이 되도록 프릴의 끝과 끝을 연결하세요. 프릴의 다른 가장자리는 단을 접어 박고, 한쪽의 가장자리에는 레이스 위에 주 름잡기 실을 박아주세요. 겉감에서 넓이 3cm의 바이어스 테이프(25cm 2개)를 자르고 그것으로 진동을 마무리하세요.

* 드레스 D
61p의 설명에 따라 아플리케를 자락에 박아주세요.

* 드레스 E
겉감에서 넓이 약 3cm의 바이어스 테이 프(25cm 2개)를 자르고 그것으로 진동 을 마무리하세요. 115p의 설명에 따라 자락을 더 늘리세요.

Tip:
한 사이즈 더 작은 도안을 선택하면 소매가 없거나 짧은 소매의 리네 드레스를 몸에 꼭 맞는 사이즈로 만들 수 있어요. 자락을 늘리는 것을 잊지 마세요.

🌺 드레스 만들기

1 단추 고리를 핀으로 고정한 후 뒤 요크의 중간 뒷솔기에 바느질 하세요(그림 1).

2 앞 요크와 뒤 요크를 겉면끼리 마주대어 놓고 어깨솔기를 박아주세요. 안감도 같은 방법으로 하세요.

3 요크의 겉감과 안감은 겉면끼리 마주대어 놓고 목둘레선과 뒤 중간 솔기를 박아주세요. 시접에 가위집을 넣고 요크를 뒤집으세요. 목둘레선과 중간 뒤 솔기를 가장자리와 가까운 곳에서 다림질하고 위에서 박음질 하세요.

4 드레스 B 두 번 접은 가두리장식을 앞 요크의 밑 가장자리에 연결하세요.

드레스 C 가슴–어깨 장식에 주름이 생기도록 하세요. 겉면끼리 마주대어 놓고 요크의 둘레를 따라 핀을 고정한 후 재봉틀로 박아주세요(그림 2).

드레스 D 레이스에서 앞자락의 위 가장자리와 같은 넓이의 띠를 자르고 원단의 겉면에 연결하세요.

드레스 E 레이스 원단에서 앞자락의 위 가장자리와 같은 넓이의 띠를 자르고 원단의 겉면에 연결하세요.

5 주름잡기 실을 자락 부분들의 위 가장자리에 박아주어 주름이 가도록 하세요. 자락 부분을 요크에 핀으로 고정한 후 재봉틀로 박아주고 시접을 마무리하세요. 시접은 요크 쪽에 나오도록 다림질하고 박으세요.

6 드레스 A와 B

① 옆 솔기를 박아주고 마무리하세요.
② 소매들의 바깥 가장자리를 접고 단을 만드세요.
③ 소매들의 밑 가장자리를 박아주고 마무리하세요.

④ 소매산에 주름잡기 실을 재봉틀로 박아주세요. 주름이 생기도록 하고 핀으로 고정한 후 소매는 드레스에 재봉틀로 박아주세요. 시접을 마무리하세요.

Tip: 주름이 어깨솔기와 가까운 곳에 접히도록 하면 소매가 예쁘게 내려가게 돼요.

드레스 C

① 옆 솔기를 박아주고 마무리하세요.
② 바이어스 테이프를 이용해 진동둘레에 단을 만드세요(그림 3).

드레스 D

① 겉면끼리 마주대어 놓고 레이스를 소맷동에 재봉틀로 박으세요. 시접을 마무리하고 소매 쪽으로 나오도록 다림질하고 박으세요.
② 소매를 핀으로 진동에 고정한 후 박아 마무리하세요.
③ 소매의 아래 솔기와 드레스의 옆 솔기를 박아 오버로크로 마무리하세요.

드레스 E

① 옆 솔기를 박아주고 마무리하세요.
② 레이스 원단을 겉면끼리 마주대어 놓고 소매의 곡선이 있는 가장자리에 박아주세요. 시접을 마무리하고 소매 쪽으로 나오도록 다림질하고 박음질하세요.
③ 소매의 위 가장자리에 주름을 잡아 드레스에 연결한 후 시접을 마무리하세요.
④ 바이어스 테이프를 이용해 진동의 아래 가장자리에 단을 만드세요(접은 단 만들기 95p).

7 자락에 접은 단을 만드세요(드레스 A, C, D, E).

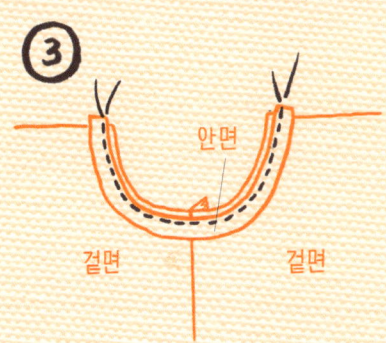

준비물

☐ 겉감을 위한 얇고 부드러운 면이나 혼합 직물
☐ 안감을 위한 면이나 혼합 직물
☐ 고무실 한 롤
☐ 고무줄(46, 50, 54, 58cm)

도안 1B

☐ 소매×2

카롤리나 드레스의 요크, 자락과
자락 안감은 직선 조각들이고, 치
수는 123p를 참고하세요.

뒤

앞

🌹 드레스 만들기

1 설명에 따라 조각들을 드레스용 원단에서 자르세요.

2 겉면끼리 마주대어 놓고 요크들의 짧은 옆면을 박아 연결하세요. 시접을 마무리하세요.

3 요크의 위 가장자리에 접은 단을 만드세요.

4 고무실을 이용해 주름 장식을 만드세요. 윗실은 보통 롤실을 사용하고 직선으로 박아주세요. 밑실로 고무실을 바꾸고 손으로 살짝 늘려 당기면서 보빈에 감으세요. 추가로 윗실이 꽉 조이지 않도록 살짝 느슨하게 하세요. 조각의 겉면을 1cm 간격으로 박음질하세요. 주름 장식을 빠른 속도로 나선형으로 요크의 위 가장자리부터 아래 가장자리로 박아주세요. 박으면서 천을 늘리게 하세요. 실을 마무리하세요.

5 자락과 자락의 안감 옆 솔기를 겉면끼리 마주대어 놓고 박아주세요.

6 주름잡기 실을 자락의 위와 아래 가장자리에 박아주세요.

7 자락의 아래 가장자리에 주름이 가도록 하세요. 겉면끼리 마주대어 놓고 안감의 아래 가장자리에 핀으로 고정한 후 박아 연결하세요.

8 자락의 위 가장자리에 주름이 가도록 한 후 안면끼리 마주대어 놓고 안감의 위 가장자리에 연결하세요.

9 자락의 위 가장자리와 요크의 아래 가장자리를 겉면끼리 마주대어 놓고 핀으로 연결하여 고정한 후 박아주세요. 시접을 마무리하세요.

10 소매의 곡선 있는 가장자리에 접은 단을 만드세요.

11 소매의 길고 직선이 있는 가장자리를 마무리하고 고무줄이 들어갈 수 있는 통로를 만들기 위해 1cm 넓이의 접은 단을 다림질하여 만드세요.

12 고무줄을 두 개의 부분으로 자르세요. 고무줄을 통로에 집어넣고 양쪽 끝에 고정해 막으세요.

13 어깨 끈과 같은 방법으로 소매를 요크의 위 가장자 리에 연결하세요.

Tip:

어깨끈을 뒤쪽에서 약간
가운데 쪽으로 가면서 박으면 드레스를
입을 때 어깨끈이 쉽게 흘러내리지
않아요. 또한 카롤리나 드레스의
자락이 직선으로 내리도록 하고 싶으면
안감을 만들지 않고 자락의 길이를
잘 맞도록 하면 됩니다.

드레스 아말리아 A 116p,
어린이 마레트 82p, 리네 C 74p,
성인 마레트 85p (왼쪽부터)

빨래
PYYKKIPAIVA
하는 날

마레트 드레스

MARET DRESS

레이스와 나비 소매

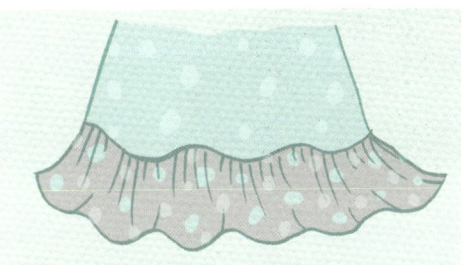

풍부하며 낭만적인 프릴이 가득한
마레트 드레스에는 예스러운 분위기가 납니다.
단, 스타일이나 프릴의 양에 따라
풍부하거나 평범한 드레스로 만들 수 있어요.

여름철 빨래하는 날에는 나비 소매의 드레스가 어울리지 않을까요. 파티가 있는
날에는 나비 소매를 추가하거나, 치맛단에 프릴을 추가하거나 사이사이에 레이스
원단을 추가하면 돋보인답니다. 풍부한 소매와 레이스로 장식된 드레스는
신부들러리에 잘 어울리죠. 어른용 도안도 나와 있어서 신부에게
잘 어울리는 드레스로 만들 수 있어요.

가장 가벼운 프릴 드레스는 얇은 면이나 혼합 직물로 만들어요. 아주 얇고 비치
는 원단이면 안감이 필요하죠. 자락 안감은 도안에 따라 자르면 되고 겉자락과
같은 방법으로 만들면 됩니다. 밑에서 보이지 않도록 안감은 자락보다 몇 센티 더
짧게 만드는 것이 좋아요. 드레스의 윗부분과 치마를 연결할 때 안감은 치마의
윗부분을 연결한 후 설명에 따라 윗부분과 연결하면 됩니다.

🌸 자락 프릴 만들기

드레스에 맞는 길이를 먼저 재고 얼마나 넓은 프릴을
만들고 싶은지 결정하세요. 그만큼 치마 도안을 줄여
길이를 재세요. 띠를 자르는데 높이의 시접을 포함시
켜 길이는 최소한 가장자리의 1.7배로 하세요. 아주 풍
부한 자락을 원하시면 프릴을 2.5배 더 크게 지르세
요.

프릴을 원형으로 자르고 모든 시접을 마무리하세요.
프릴의 긴 쪽 좁은 단을 박고 다른 한쪽에는 주름잡기
실을 박으세요. 단과 어울리도록 띠에 주름을 잡아주
세요. 가두리 장식을 추가하고 싶으면 이 단계에서 단
의 아래 가장자리를 연결하면 됩니다. 겉면끼리 마주
대어 놓고 프릴을 핀으로 고정한 후 박아주고, 시접을
마무리하세요. 자락을 다림질한 후 시접을 위쪽으로
박음질하여 자락이 자연스럽게 흔들리도록 하세요.
이 방법으로 거의 모든 드레스에 프릴을 만들 수 있답
니다.

어린이
마레트 드레스
MARET

드레스 이미지와 미니 도안 126P

준비물

- ☐ 겉감과 안감을 위한 얇고 부드러운 원단
- ☐ 바이어스 테이프 약 70cm(테이프 만들기 95p)
- ☐ 단추 2개
- ☐ 드레스 B 주머니의 위 가장자리를 위한 고무줄 10cm
- ☐ 드레스 C 3m 레이스

도안 2A

- ☐ 목둘레선×4+안감×4
- ☐ 옆 조각×4
- ☐ 큰 어깨 프릴×2
- ☐ 주머니 C×1(드레스 B)
- ☐ 작은 어깨 프릴×2(드레스 C)

마레트 드레스의 치마 치수는 126p를 참고하세요!

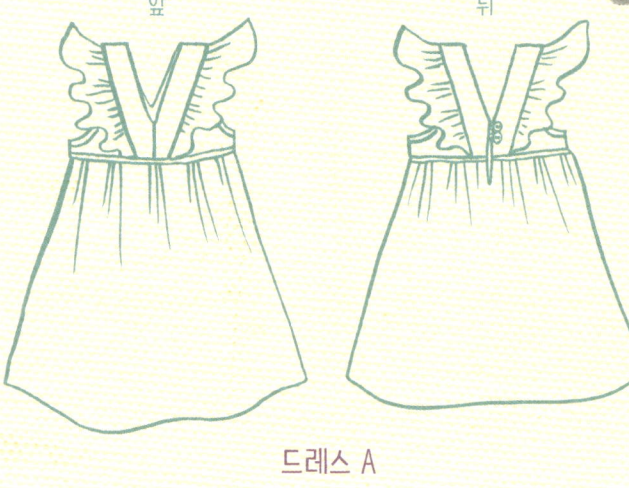

앞　　　　뒤

드레스 A

드레스 B

드레스 C

🌸 준비

* 설명에 따라 조각들을 원단에서 자르세요. 단추 고리를 위해 두 개의 얇은 띠를 재봉틀로 박아주세요. 뒤 슬릿을 마무리하기 위해 넓이 2.5cm의 바이어스 테이프를 약 30cm 자르세요.

* **드레스 A**
드레스 앞부분에 필요한 가두리 장식을 위해 넓이 3cm의 조각을 약 1m 정도 자르세요. 가두리 장식을 안면끼리 마주대어 놓고 두 번 접은 후 다림질하세요.

* **드레스 B**
주머니의 위 가장자리를 마무리하고, 가장자리에 1cm 접은 부분을 다림질한 후 박음질하면서 고무줄이 들어가는 통로로 만드세요. 통로에 고무줄을 집어넣고 양쪽을 막으세요. 바이어스 테이프를 약 1m 잘라 그것으로 주머니를 앞단과 연결하세요(107p 참고).

* **드레스 B와 C**
치마 프릴의 옆 솔기를 박아주세요. 프릴 아래 가장자리에 단을 접어 주름잡기 실을 프릴의 위 가장자리에 박아주세요.

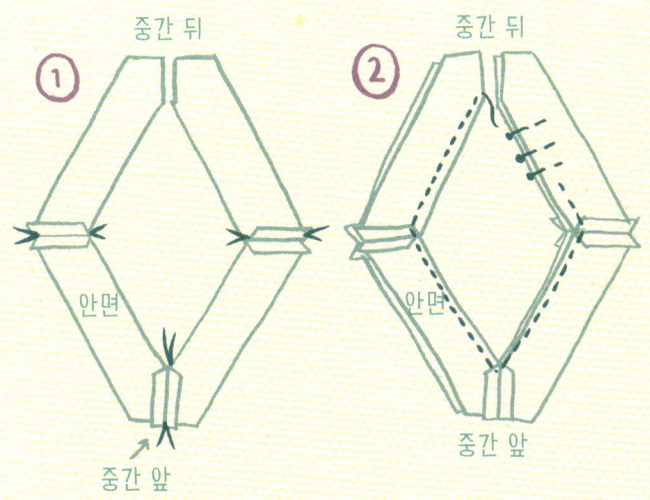

🌸 드레스 만들기

1 목둘레선의 어깨솔기를 겉면끼리 마주대어 놓고 핀으로 박으세요. 중간 앞 솔기도 박아주세요(그림 1). 안감도 같은 방법으로 만드세요.

2 겉감과 안감을 겉면끼리 마주대어 놓고 핀으로 고정한 후 목둘레선 솔기를 박아주세요(그림 2). 뒤집고 다림질하세요.

3 어깨 프릴의 곡선이 있는 바깥 가장자리에 단을 접으세요.

4 **드레스 A와 B** 프릴의 안쪽 곡선에 주름잡기 실을 박아 주름이 잡히도록 하세요.
드레스 C 겉면이 위에 나오도록 배치하여 작은 프릴들을 더 큰 프릴들 위에 놓으세요. 프릴들의 안쪽 곡선에 주름이 잡히도록 만드세요.

5 프릴을 겉면끼리 마주대어 놓고 목둘레선의 박지 않은 가장자리에 핀으로 고정하세요. 박으면서 안감도 동시에 붙이게 됩니다.

6 두개의 옆 조각을 겉면끼리 마주대어 박아준 후 옆 솔기를 마무리하세요. 다른 옆 조각을 같은 방법으로 만드세요. 바이어스 테이프를 사용해 진동둘레의 아래 가장자리를 마무리하세요(그림 3).

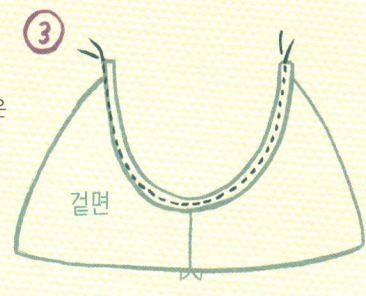

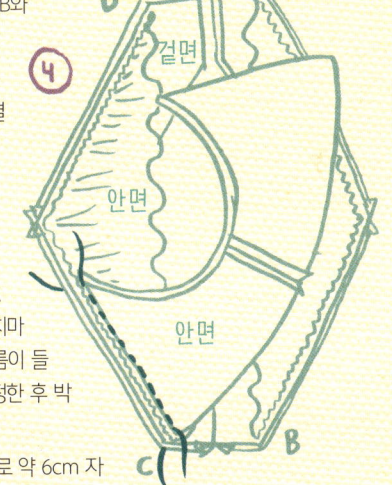

7 옆 조각들은 한 조각씩 목둘레선과 프릴에 핀으로 고정하여 박아주세요(그림 4). 긴 솔기, A–B와 C–D를 마무리하세요.

8 가두리 장식이나 레이스를 드레스의 위나 아래에 연결하세요.

9 치마의 옆 솔기를 박아주세요.

10 치마의 위 가장자리에 주름잡기 실을 박아주세요. 겉면끼리 마주대어 놓고 치마는 드레스의 윗부분에 주름이 들어가도록 하고 핀으로 고정한 후 박아주세요.

11 뒤 슬릿을 치마 조각 쪽으로 약 6cm 자르세요. 단추 고리를 목둘레선 중간 뒤의 겉면에 연결하세요. 겉면끼리 마주대어 놓고 바이어스 테이프를 슬릿의 둘레를 따라 재봉틀로 박으세요(그림 5). 부분 전체를 안면으로 뒤집으세요. 위 가장자리와 열려 있는 가장자리가 보이지 않도록 접고 다림질한 후 박음질하세요(그림 6).

12 **드레스 A** 치마에 단을 만드세요.
드레스 B와 C 치마의 프릴에 주름이 생기도록 하고 겉면끼리 마주대어 놓은 다음 치마의 가장자리에 박아주세요. 시접을 마무리하세요. 시접은 위쪽으로 다림질한 후 치마 쪽에 박음질하며 연결하세요.

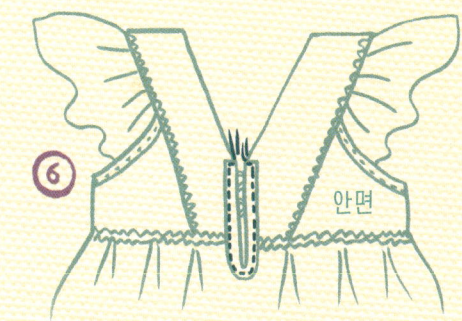

성인
마레트 드레스
MARET

드레스 이미지와 미니 도안 125P

준비물□
- ☐ 겉감과 안감을 위한 얇고 부드러운 원단
- ☐ 바이어스 테이프 약 1m (바이어스 테이프 만들기 95p)
- ☐ 넓이 0.5cm의 고무줄

사이즈 36, 38, 40, 42, 44

도안 2B
- ☐ 목둘레선×4+안감×4
- ☐ 옆 조각×4
- ☐ 어깨 프릴×2
- ☐ 치맛자락×2

🌹 준비

* 설명에 따라 원단을 자르세요.

* 소매진동의 마무리를 위해 넓이 4cm 바이어스 테이프를 자르세요.

* 여러 개의 어깨 프릴을 만들고 싶으면 모든 프릴을 도안에 따라 자르세요. 다만 맨 위에 나오는 프릴은 그림 1에서 보이는 것처럼 줄이세요.

* 가슴 밑에서 몸 사이즈를 재고 고무줄은 몸 둘레보다 몇 센티 더 짧게 자르세요.

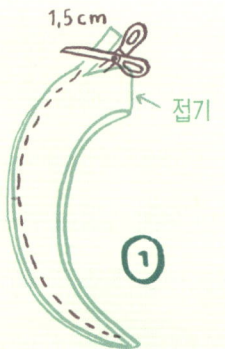

3. 목둘레선 가장자리에서 1cm 떨어진 곳에 고무줄 통로를 박음질하세요. 뒤에 옷핀이 들어갈 수 있는 창구멍을 남기세요(그림 4). 고무줄은 통로에 집어넣고 살짝 조이세요.

4. 앞의 '어린이 마레트 드레스' 3~9번과 같은 방법으로 하세요.

5. 겉면끼리 마주대어 놓고 치마를 드레스의 윗부분에 핀으로 고정하세요. 솔기를 박아 마무리하세요. 시접은 아래쪽으로 다림질하고 고무줄 통로로 만들어서 박음질하세요. 옆 솔기가 있는 위치에 옷핀이 들어갈 수 있는 창구멍을 남기세요. 고무줄을 통로에 집어넣고 입어보면서 고무줄을 조정하세요.

6. 치맛단을 만드세요.

🌹 드레스 만들기

1. 목둘레선의 어깨솔기를 겉면끼리 마주대어 놓고 박으세요. 중간 앞 솔기와 뒷솔기를 박아주세요(그림 2). 안감도 같은 방법으로 만드세요.

2. 겉감과 안감을 겉면끼리 마주대어 놓고 핀으로 고정한 후 목둘레선 솔기를 박아주세요(그림 3). 뒤집은 다음 다림질하세요.

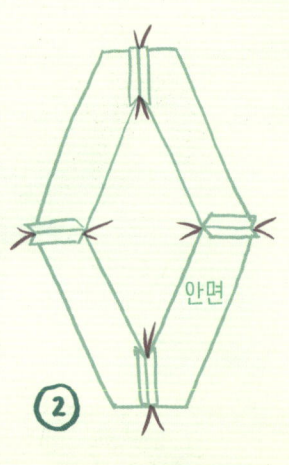

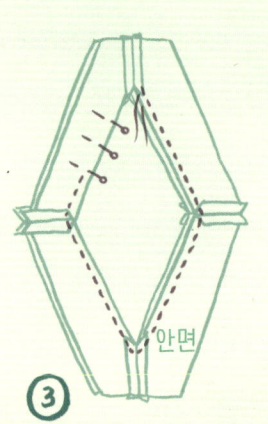

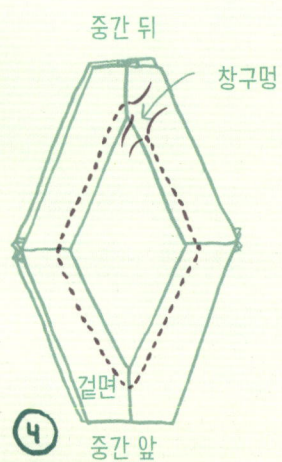

드레스
리네 C 74p,
마레트 82p,
엘리나 B 97p
(왼쪽부터)

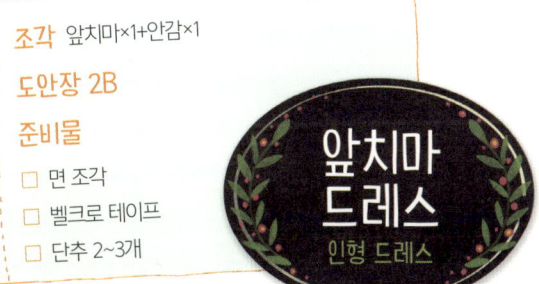

조각 앞치마×1+안감×1

도안장 2B

준비물
- ☐ 면 조각
- ☐ 벨크로 테이프
- ☐ 단추 2~3개

드레스 이미지와 미니 도안 132P

앞치마
드레스
인형 드레스

 **드레스 만들기**

드레스 이미지와 미니 도안 132P

Tip:
앞치마의 앞주머니는
다른 종류의 천으로 만들거나
코바늘로 작은 코사지를
만들어 달아주어도
예쁘답니다.

1 앞치마와 안감 조각을 자르세요.

2 조각들은 겉면끼리 마주대어 놓고 가장자리를 따라 재봉틀로 박아
주세요. 앞치마 아래 가장자리에 창구멍을 남기세요.

3 시접에 작은 가위집을 넣어 겉면이 나오도록 드레스를 뒤집고 다림
질하세요.

4 가장자리를 따라 박음질하면서 동시에 창구멍을 막게 됩니다.

5 도안에 있는 표시에 따라 어깨끈에 작은 벨크로 테이프 조각들을
박아주세요.

6 단추를 달아주세요.

미니 마틀레나
인형 드레스

드레스 이미지와 미니 도안 132P

준비물

☐ 겉감과 요크의 안감을 위한 면
☐ 바이어스 테이프 약 40cm
　(바이어스 테이프만들기 95p)
☐ 벨크로 테이프
☐ 단추 2~3개

도안 2B

☐ 앞 요크×1+안감×1
☐ 뒤 요크×2+안감×2
☐ 앞자락×1
☐ 뒷자락×1

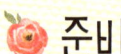 **준비**

* 설명에 따라 원단을 자르세요.

* 중간 뒤 가장자리를 마무리하기 위해 넓이 4cm 직선 조각
　들을 자르세요(28cm 2장).

🌹 드레스 만들기

1 요크 안감의 밑 가장자리를 오버로크로 마무리하세요. 겉면끼리 마주대
어 놓고 앞 요크와 앞 요크의 안감을 핀으로 고정하세요. 뒤 요크도 같은
방법으로 하세요. 요크들의 위 가장자리와 옆면들을 도안에서 표시된 만
큼 박아주세요. 뒤 요크의 중간 뒤 가장자리를 열린 상태로 남기세요. 시
접에 가위집을 만들어 겉면이 나오도록 요크를 뒤집고 다림질하세요.

2 치맛자락의 옆 솔기를 박아주세요.

3 바이어스 테이프를 사용해 진동의 아래 가장자리를 마무리하세요.

4 도안의 표시에 따라 치마 조각들의 위 가장자리에 주름잡기 실을 박아
요크에 맞게 주름을 만드세요.

5 겉면끼리 마주대어 놓고 치마를 요크의 윗면에 핀으로 고정한 후 박아주
세요. 시접은 요크 쪽으로 접고 요크 둘레를 따라 가장자리와 가까운 곳
에서 박음질하세요. 동시에 요크 안감이 붙게 됩니다.

6 양쪽 중간 뒤 가장자리에 조각들을
핀으로 고정한 후 박아주세요.
조각들은 안면으로 뒤집고 조각
의 위 가장자리와 열려 있는 가
장자리를 접고 다림질하세요. 조
각들을 박음질하여 벨크로 테이
프로 연결해주세요.

7 치맛단을 만드세요.

8 어깨끈을 겹쳐 연결하도록
박아주세요. 단추를 달아
주세요.

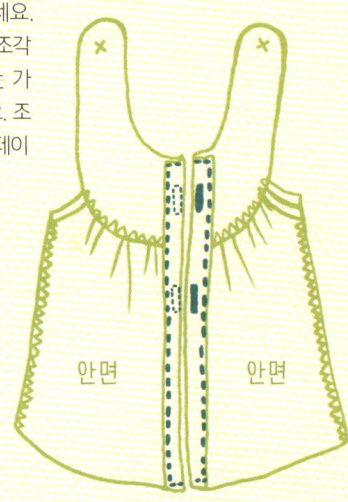

안면　　　안면

미니 마레트
인형 드레스

드레스 이미지와 미니 도안 132P

준비물

☐ 면 한 조각
☐ 바이어스 테이프 약 30cm
  (바이어스 테이프만들기 95p)
☐ 벨크로 테이프

도안 2B

☐ 목둘레선×4+안감×4
☐ 옆 조각×4
☐ 어깨 프릴×2

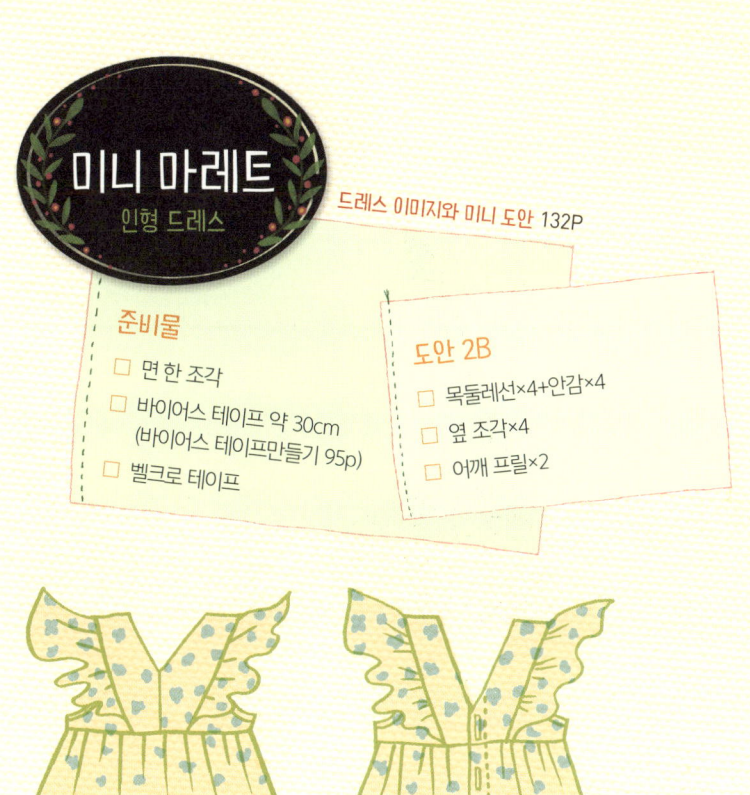

🌹 준비

* 설명에 따라 드레스용 원단에서 조각들을 자르세요.

* 치맛자락을 자르세요(20cm X 75cm).

* 드레스의 중간 뒤 가장자리를 위해 2개의 직선 조각을 자르세요(4.5cm X 24cm, 4cm X 24cm).

🌹 드레스 만들기

83p에 나오는 '마레트 드레스'와 같은 방법으로 '미니 마레트 드레스'를 만드세요. 7번 과정까지 그대로 따라하세요. 그 후 다음과 같이 하세요.

1 치마의 위 가장자리에 주름잡기 실을 박아주세요. 주름을 만들고 겉면끼리 마주대어 놓고 치마를 드레스 윗부분 아래 가장자리에 핀으로 고정하세요. 솔기를 박아주세요.

2 겉면끼리 마주대어 놓은 다음, 넓은 조각은 중간 뒤 가장자리에 핀으로 고정한 후 박아주세요. 조각의 열려 있는 가장자리를 오버로크로 마무리하세요(그림 1). 겉면끼리 마주대어 놓고 조각을

두 번 접으세요. 조각의 위 가장자리를 박아주세요(그림 2). 조각의 겉면이 나오도록 뒤집어 다림질하고 박음질하세요.

3 겉면끼리 마주대어 놓고 더 좁은 조각을 다른 중간 뒤 가장자리에 같은 방법으로 박아주세요. 조각을 안면으로 뒤집으세요. 그런 다음 조각의 위 가장자리와 열려 있는 가장자리를 다림질하면서 안 보이게 하세요. 조각의 가장자리를 박음질하세요(그림 3).

4 벨크로 테이프를 양쪽에 박아주세요.

5 치맛단을 만드세요.

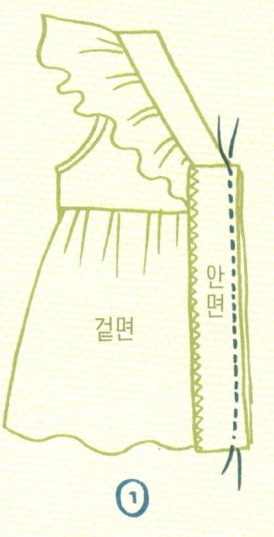
겉면 안면
①

겉면 안면
②

안면 겉면
③

극장
TEATTERI LOUUHUA
놀이

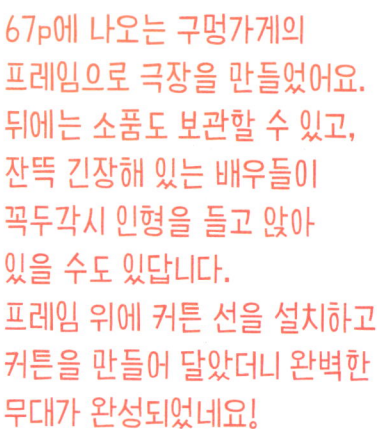

꼭두각시 극장
KEPPINUKKE TEATTERI

67p에 나오는 구멍가게의
프레임으로 극장을 만들었어요.
뒤에는 소품도 보관할 수 있고,
잔뜩 긴장해 있는 배우들이
꼭두각시 인형을 들고 앉아
있을 수도 있답니다.
프레임 위에 커튼 선을 설치하고
커튼을 만들어 달았더니 완벽한
무대가 완성되었네요!

🌹 꼭두각시

도안 138p

준비물 인형의 몸을 위한 두꺼운 판지 / 수공예용 페인트 / 옷을 위한 원단 조각
/ 단추, 리본, 레이스 / 머리카락을 위한 실 / 풀 / 길이 50cm 막대기

1 꼭두각시의 도안을 복사하거나 직접 디자인해 그리세요.

2 두꺼운 판지를 사용해 인형 몸을 자른 후, 수공예용 페인트로 인형의 몸을 칠
   하세요.

3 인형 옷을 디자인한 후 원단 조각, 레이스, 리본
   등을 자르세요. 머리카락용으로 적당한 길이의
   실을 자르세요.

4 옷과 머리카락을 배치해 풀로 붙이세요.

5 인형 몸 뒤에 막대기를 붙이세요.

Tip:
오래된 낡은 니트를
이용하면 멋진 파마
머리를 만들 수
있어요.

드레스 엘리나 A 97p,
오렐르마 A 99p,
카타리나
C 28p

바이어스 테이프 만들기

대각선 방향으로 잘린 바이어스 테이프는 유연성이 있어서 드레스의 곡선 부분을 마무리할 때 사용하면 아주 편리해요. 완성된 바이어스 테이프를 구매해도 좋은데 직접 만들면 드레스에 더 잘 어울리는 바이어스 테이프가 되겠지요. 자를 때는 롤링 커터와 커팅 매트를 사용하면 큰 도움이 됩니다.

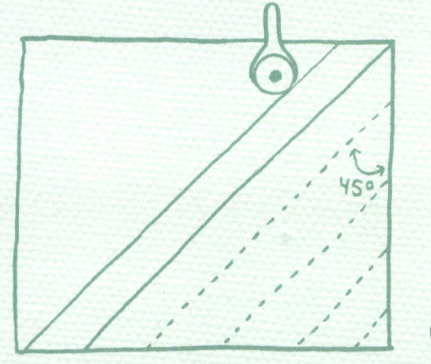

🌸 대각선 바이어스 스트립

1 바이어스 스트립의 넓이는 사용 용도에 따라 달라요. 이 책에서는 대각선 바이어스 테이프의 경우는 4cm, 접은 단에는 보통 2.5~3cm로 했어요.

2 얇은 원단에서 원하는 넓이의 띠를 식서 방향 기준으로 45도 대각선으로 자르세요(그림 1). 띠를 서로 재봉틀로 박으면서 연결하세요. 연결하게 될 끝부분을 직각에 겉면끼리 마주대어 놓으세요. 이때 띠들의 끝부분이 두 번 겹친 사각형 모양이 됩니다. 사각형의 모서리에 따라 박아주고 연결 부분의 시접을 자르세요(그림 2). 시접을 다림질하면서 펴세요.

🌸 직접 만든 바이어스 테이프

바이어스 테이프는 대각선 조각에서 다림질하면서 만든 띠를 의미합니다. 위에 설명한 대로 대각선 조각 띠를 만드세요. 두 번 겹쳐 다림질하세요. 접은 부분을 펴고 띠의 긴 면의 가운데 쪽으로 다림질하세요.

🍊 바이어스 테이프로 마무리하기

1 바이어스 테이프의 겉면을 사용할 가장자리의 안면에 배치한 후, 접은 부분에 따라 재봉틀로 박아주세요(그림 1). 바이어스 테이프를 작업물의 겉면으로 접고 작업물의 바이어스 가장자리와 가까운 곳에서 박음질하세요(그림 2).

2 마무리하게 될 가장자리보다 바이어스 테이프를 좀 더 길게 준비하는 것이 좋아요. 이렇게 하면 끝부분 마무리에도 양이 충분하기 때문이에요. 바이어스 테이프의 끝부분을 마무리할 때는 접은 부분을 펴고, 박음질하기 전에 마무리하지 않은 부분들은 보이지 않게 접어요.

3 원형의 목둘레선에 바이어스 테이프를 넣을 때는 시작 부분을 살짝 접어 박아준 다음, 그 위에서 시작하세요. 목둘레선을 따라 재봉틀로 한 번 박아준 후 테이프의 끝부분이 보이지 않도록 추가로 조금 더 박아주세요. 바이어스 테이프를 작업물의 겉면으로 접을 때는 접은 가장자리가 맨 위에 나오고 연결 부분이 깔끔하게 마무리됩니다.

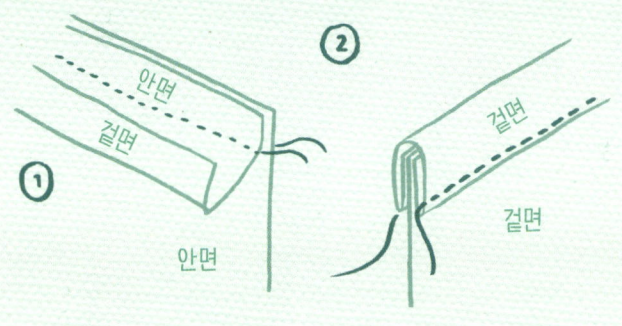

🍊 가장자리 마무리

1 바이어스 테이프와 겉면끼리 마주대어 놓고 띠를 천의 가장자리에 핀으로 고정한 후 박아주세요(그림 1). 띠를 완전히 안면으로 접고 다림질하세요. 띠의 열려 있는 가장자리가 보이지 않도록 접고 가장자리와 가까운 곳에서 박아주세요(그림 2).

2 단추 슬릿 마무리하기 슬릿의 곡선이 가까워지면 속도를 줄이세요. 바늘을 넣고 노루발을 올리세요. 작업물을 돌려 띠의 다른 가장자리를 박아주세요. 슬릿의 곡선 부분에서 가장자리 선을 좀 더 얇게 하고 가장자리와 아주 가까운 곳에서 박음질하면 단추 슬릿 부분이 깔끔하게 마무리됩니다.

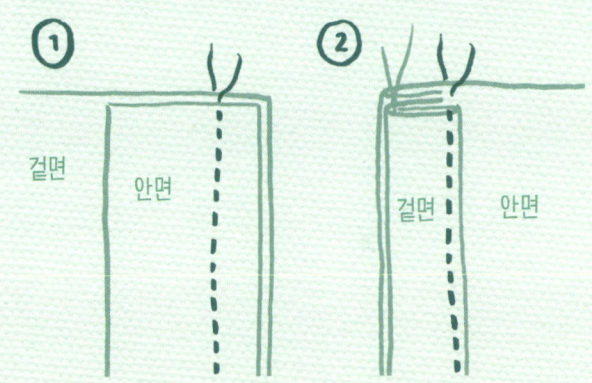

드레스 이미지와 미니 도안 122P

준비물

- ☐ 면이나 혼합 직물
- ☐ 바이어스 테이프
  (바이어스 테이프 만들기 95p)
  - ⋅ 드레스 A와 B: 1.7m
  - ⋅ 드레스 C: 70cm
- ☐ 드레스 A 천 조각과 아플리케를 위한 양면 접착심지
- ☐ 드레스 B 넓이 6~7cm의 레이스 약 140cm

도안 1A

- ☐ 앞장×1
- ☐ 뒷장×1
- ☐ 소매 2×2 (드레스 C)

드레스 A

드레스 B

드레스 C

 준비

* **설명에 따라 원단을 자르세요.**

* **드레스 A**
  나무와 밤비 도안은 138p를 참고하여 그리세요. 61p의 방법에 따라 아플리케를 만드세요.

* **드레스 B**
  목둘레선 프릴과 레이스 프릴을 원형으로 양끝을 연결해 박아주세요(목둘레선 프릴 치수 122p). 프릴의 한쪽 가장자리에 롤단을 박아주세요. 겉면들이 위쪽에 나오도록 배치하여 프릴은 레이스 위에 올려놓으세요. 마무리하지 않는 가장자리에 주름잡기 실을 박아주세요.

* **드레스 C**
  목둘레선 프릴을 원형으로 양끝을 연결해 박아주세요. 프릴들의 다른 가장자리에 롤단을 박아주세요. 겉면들이 위쪽에 나오도록 좁은 프릴은 넓은 프릴 위에 놓으세요. 마무리하지 않는 가장자리에 주름잡기 실을 박아주세요.

드레스 만들기

1 앞뒷장을 겉면끼리 마주대어 놓고 배치하세요. 어깨솔기를 박아주세요.

2 **드레스 B와 C** 목둘레선 프릴에 주름이 가도록 하고 겉면의 위쪽으로 오도록 배치한 후 핀으로 목둘레선에 고정하세요. 프릴을 연결해 박으세요.

3 95p의 방법대로 목둘레선을 바이어스 테이프로 마무리하세요.

4 **드레스 A와 B** 진동을 바이어스 테이프로 마무리하세요. 드레스의 옆 솔기를 박아주세요.

   드레스 C 소매를 진동에 핀으로 고정한 후 박고 오버로크로 마무리하세요. 소매의 밑 솔기와 드레스의 옆 솔기를 박아주세요. 소매끝동을 두 번 접어 박으세요.

5 치맛단을 만드세요

Tip:
드레스 C처럼 긴소매 드레스는 목선 뒤에 단추 슬릿을 추가하면 입기가 더 편리해집니다.

오렐르마
드레스
ORELMA DRESS

도안 2A

- ☐ 앞뒷장×2
- ☐ 소매×2
- ☐ 주머니 A×2(드레스 A)

준비물

- ☐ 면이나 혼합 직물
- ☐ 바이어스 테이프(드레스 A: 1m, 드레스 B: 65cm)
- ☐ 단추 1~3개
- ☐ 드레스 B에 추가되는 준비물
  - 고무줄(2×21-22-23-24cm)
  - 어린이 사진이나 다른 사진
  - 스캔, 잉크젯 프린터, 종이
  - 흰색 면과 아플리케를 위한 양면 접착심지

앞   뒤

드레스 A

드레스 B

드레스 이미지와 미니 도안 129P

🌹 준비

* 설명에 따라 원단을 자르세요.

* 단추 슬릿을 위해 얇은 띠를 만드세요.

* 단추 슬릿을 마무리하기 위해 넓이 2.5cm의 바이어스 스트립을 약 25cm 자르세요.

* 드레스 A: 주머니의 위 가장자리에 주름이 가도록 하고 바이어스 테이프로 마무리하세요.

* 드레스 B: 그림을 스캔한 후 맞는 크기로 조정하세요. 종이를 사용해 그림을 흰색 면에 복사하세요(15p 참조). 61p의 설명에 따라 그림을 드레스 단에 아플리케처럼 붙이세요.

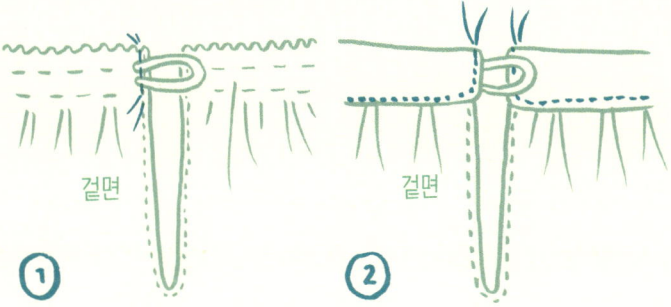

겉면   겉면

①   ②

🌹 드레스 만들기

1 뒷장의 중간에 깊이 8cm 슬릿을 자르세요. 바이어스 스트립을 사용해 단추 슬릿의 단을 만드세요(95p 참조).

2 소매 사선의 래글런 솔기를 겉면끼리 마주대어 놓고 앞장과 뒷장에 핀으로 고정하세요. 솔기를 박아주세요.

3 소매의 밑 솔기와 드레스의 옆 솔기를 겉면끼리 마주대어 놓고 박아주세요.

4 주름잡기 실을 박아주고 목둘레선을 사이즈에 맞게 조정하며 주름을 만드세요(44, 48, 52, 56cm).

5 단추 고리를 뒤 슬릿의 위 가장자리에 고정해 연결하세요(그림 1).

6 목둘레선에 바이어스 테이프를 놓으세요(그림 2). 박음질하기 전에 바이어스 테이프의 끝부분이 깔끔하도록 안 보이게 안면으로 꼭 접으세요.

7 드레스 A 소매끝동에 단을 만드세요.

   드레스 B 소매끝동을 오버로크로 마무리하세요. 소매끝동에 고무줄 통로를 박아주세요. 옷핀이 들어갈 수 있는 창구멍을 남기고 고무줄을 집어넣으세요. 고무줄의 양쪽 끝을 겹친 후 지그재그로 막으세요.

8 드레스 A 바이어스 테이프를 사용해 주머니의 곡선이 있는 가장자리에 단을 만드세요(107p 참조). 도안에 나오는 표시대로 주머니들은 옆 솔기 위에 배치하세요.

9 치맛단을 만들고 뒤 슬릿에 단추를 달아주세요.

10 드레스 A 목둘레선의 바이어스 테이프 부분을 장식하기 위해 2~3개의 단추를 달아주세요.

Tip:
소매 중간 부분을 표시하여 드레스의 앞뒷면에 주름이 고르게 생기도록 하세요.

드레스
카타리나 D 28p, 리네 D 74p,
알비나 B 40p (왼쪽부터)

목마

KEPPIHEPPAILUA

놀이

목마
KEPPIHEVOSET

준비물 오래되어 부드러워진 뜨개질 옷 / 귀의 안감을 위한 면 / 마대걸레 막대기(막대기 한 개에서 두 개의 몸을 만들 수 있어요) / 솜판 / 풀 / 든든한 실 / 충전재 솜 / 스테이플 건 / 눈을 위한 큰 단추 2개 / 머리털용 털실
도안 2B 머리의 옆 장×2

🌸 준비

* 설명에 따라 조각들을 자르세요.

* 머리(5cm×약 70cm)와 마무리 조각(약 7cm×16cm)을 자르세요.

* 마대걸레의 막대기를 두 개로 자르세요.

* 솜판을 사용해 막대기의 한쪽 끝에 머리 모양을 만들고 풀로 붙인 후 든든한 실로 단단히 묶으세요.

매듭을 조이세요.

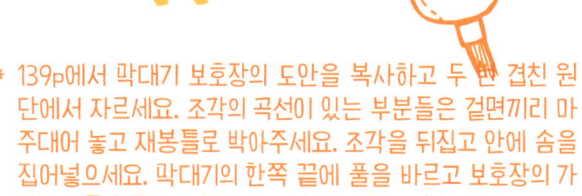

* 139p에서 막대기 보호장의 도안을 복사하고 두 번 겹친 원단에서 자르세요. 조각의 곡선이 있는 부분들은 겉면끼리 마주대어 놓고 재봉틀로 박아주세요. 조각을 뒤집고 안에 솜을 집어넣으세요. 막대기의 한쪽 끝에 풀을 바르고 보호장의 가장자리를 안쪽으로 접어 막대기 끝에 집어넣으세요.

* 139p에서 귀의 도안을 복사한 후 두 번 겹친 울 원단과 두 번 겹친 면에서 자르세요.

1 머리의 옆 장을 머리 조각에 겉면끼리 마주대어 놓고 핀으로 고정한 후 박아주세요.

2 귀와 귀의 안감 조각들을 겉면끼리 마주대어 놓고 박아주세요.

3 머리와 귀를 겉면이 나오도록 뒤집으세요.

4 주름잡기 실을 말의 목둘레를 따라 공그르기하세요.

5 말의 머리에 솜을 집어넣으세요. 막대기를 말 머리에 깊숙이 집어넣은 후 솜의 양이 맞도록 조정하세요.

6 주름잡기 실을 조이고 스테이플 건으로 막대기의 양쪽에 붙이세요. 마무리 조각을 손 바늘로 작업하면서 시접이 보이지 않게 하세요.

7 눈 위치에 단추를, 말의 귀를 박아주세요. 매듭을 만들어 활기 넘치는 머리털을 털실로 작업하세요. 말고삐로 어울리는 원단 조각들을 디자인하여 작업하세요.

리본 상

PALKINTO-
RUUSUKKEET

준비물 색채가 풍부한 원단 조각들 / 단색의 면 / 양면 접착심지 / 다양한 레이스와 줄

1. 원단을 지름 약 25cm의 원형으로 자르세요.
2. 원형의 가장자리와 가까운 곳에 러닝 스티치를 하세요. 가장자리에 주름이 생기도록 실을 조이세요. 마무리하기 위해 몇 개의 스티치를 추가하세요.
3. 지름이 약 6cm 되는 원형을 단색의 원단과 접착심지에서 자르세요.
4. 주름이 들어간 원형 중간에 레이스와 리본을 배치하세요. 접착심지를 사용해 더 작은 원형(6cm)을 프릴 위에 붙이세요.
5. 작은 원형의 가장자리를 따라 재봉틀로 박음질하세요.
6. 색채가 풍부한 원단에서 로마 숫자를 자르고 접착심지를 사용해 리본 상 가운데에 붙인 후 숫자의 가장자리를 따라 박음질하세요.

헬멧

KYPARA

준비물 겉면을 위한 검정색 벨벳과 같은 부드러운 원단 / 안감을 위한 검정색 트리코 원단 / 캡을 단단하게 만들기 위한 부직포나 버크램 / 헬멧 고리를 위한 약 35cm 검정색 단추 구멍이 있는 고무줄 / 작은 단추 / 헬멧 위에 붙일 큰 단추

도안 2B ☐ 헬멧×2+안감×2
　　　　 ☐ 캡×1+안감×1+버크램×1

 🌹 **준비**

* 설명에 따라 조각들을 자르세요.
* 버크램을 캡의 안감 안면에 붙이세요.

1. 캡 조각들을 겉면끼리 마주대어 놓고 캡의 앞 가장자리를 박으며 연결하세요. 겉면이 나오도록 뒤집으세요.
2. 헬멧 머리 부분의 모든 솔기를 겉면끼리 마주대어 놓고 박아주세요.

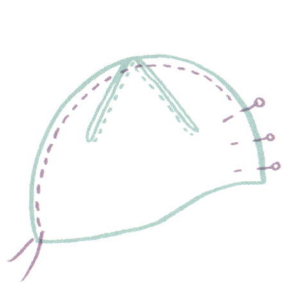

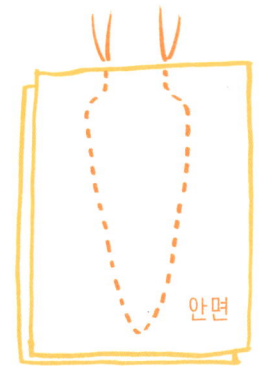

안면

준비물 당근을 위한 오렌지색 원단 / 충전재 솜 / 줄기를 위한 굵은 녹색 실 / 코바늘

 당근 줄기

녹색 줄로 약 10cm 정도 사슬뜨기를 하세요. 되돌아 짧은뜨기 5코를 뜨면 첫 번째 잎이 생깁니다. 또 사슬뜨기를 길게 한 후 중간에 되돌아 짧은뜨기 코를 뜨세요. 잎이 한 개 더 생겼어요. 원하는 모양이 완성될 때까지 반복하세요.

O=사슬뜨기
V=짧은뜨기

 당근

3. 겉면으로 사용하게 될 헬멧 조각들을 모자 모양으로 박아주세요. 안감도 같은 방법으로 작업하세요. 뒤집기를 위해 한 개의 솔기에 창구멍을 남기세요.

4. 단추 구멍이 있는 고무줄의 한쪽 끝을 마무리하세요. 도안 표시에 따라 고무줄의 한쪽 끝부분과 캡을 헬멧의 앞 가장자리에 겉면끼리 마주대어 놓고 고정해서 작업하세요.

5. 헬멧의 겉감과 안감은 겉면끼리 마주대어 놓는데 캡과 고무줄이 보이지 않도록 배치하세요. 헬멧의 아래 가장자리를 박아주세요.

6. 헬멧을 겉면이 나오도록 뒤집고 창구멍을 박으면서 막으세요.

7. 큰 단추를 원단으로 보강하고 헬멧의 윗부분에 가운데 겉감과 안감을 통해 박아주세요. 이렇게 하면 안감이 헬멧 안에서 움직이지 않습니다.

8. 마지막으로 헬멧 줄을 조정하기 위해 작은 단추를 헬멧 안쪽에 박아주세요.

1. 139p의 당근 도안을 복사하세요.

2. 두 번 겹친 원단에서 당근의 도안이 넉넉하게 들어가도록 자르세요.

3. 조각들을 겉면끼리 마주대어 놓고 원단에 당근을 그리세요.

4. 선을 따라 박아준 다음, 당근의 끝부분에 창구멍을 남기세요.

5. 당근을 천에서 자르세요. 작은 시접을 남기고 가위집을 만드세요.

6. 겉면이 나오도록 당근을 뒤집고 안에 솜을 집어넣으세요.

7. 창구멍을 작은 스티치로 막으며 동시에 줄기 부분을 연결하세요.

주머니는 필수!

주머니는 드레스를 다양하게 만들어주는 매력이 있어요.

한 개가 들어가도 좋고, 여러 개가 있어도 좋아요.

이 책에서는 세 개의 주머니를 단 드레스도 소개하고 있답니다.

솔직한 아이에게는 직선이 있는 주머니가,

낭만적인 아이에게는 레이스와 프릴 주머니가 어울리겠죠.

다른 종류의 원단으로 만든 주머니는 드레스의 포인트가 됩니다.

그리고 신기하게도 오래되어 얇아진 니트 옷에서 튼튼한

주머니를 만들 수 있어요.

Tip:
주머니에 이것저것 많이
보관하는 습관을 가진
아이를 위해 주머니 입구에
추가 박음질을
해주세요.

🌹 주머니 붙이기

바이어스 테이프를 이용하면 곡선이 있는 주머니를 붙이는 데 수월합니다. 띠의 색을 드레스의 색에 따라 선택하세요. 뜨개질 옷에서 자른 주머니를 마무리할 때는 원단의 넓이 방향으로 자른 트리코 원단 띠가 가장 잘 어울려요.

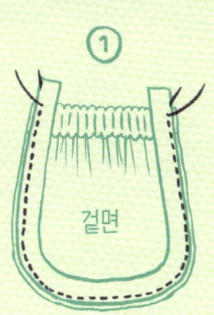

1 드레스를 만드는 방법에 따라 주머니들의 위 가장자리를 마무리하세요.

2 넓이 2.5cm, 길이는 주머니의 곡선이 있는 가장자리보다 몇 센티 더 긴 바이어스 스트립을 자르세요(95p 참조).

3 겉면끼리 마주대어 놓고 스트립을 주머니의 겉쪽에 핀으로 고정한 후 박음질하세요(그림 1).

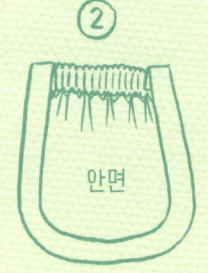

4 스트립을 안쪽으로 완전히 접어 다림질하세요(그림 2).

5 주머니를 드레스에 핀으로 고정한 후 가장자리와 가까운 곳에서 박음질하세요(그림 3).

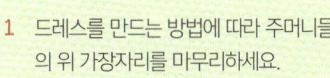

마틀레나 드레스

MATLEENA DRESS

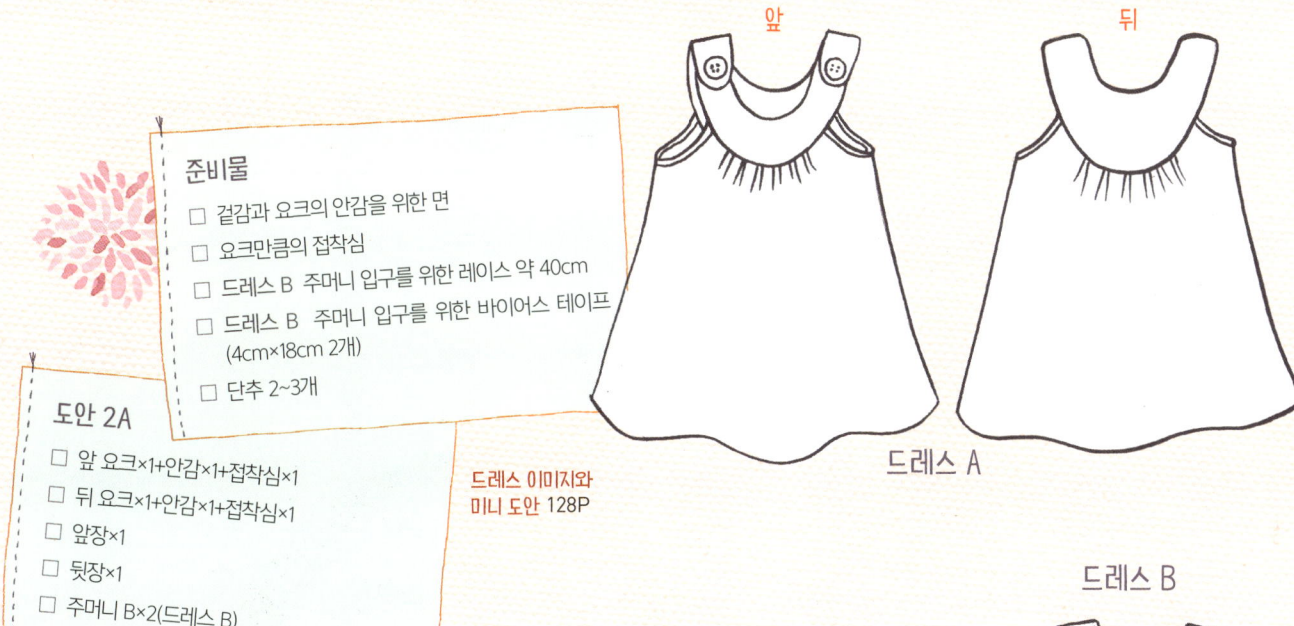

앞　뒤

드레스 A

준비물

- ☐ 겉감과 요크의 안감을 위한 면
- ☐ 요크만큼의 접착심
- ☐ 드레스 B 주머니 입구를 위한 레이스 약 40cm
- ☐ 드레스 B 주머니 입구를 위한 바이어스 테이프
  (4cm×18cm 2개)
- ☐ 단추 2~3개

도안 2A

- ☐ 앞 요크×1+안감×1+접착심×1
- ☐ 뒤 요크×1+안감×1+접착심×1
- ☐ 앞장×1
- ☐ 뒷장×1
- ☐ 주머니 B×2(드레스 B)

드레스 이미지와
미니 도안 128P

드레스 B

🌺 준비

＊ 설명에 따라 조각들을 자르세요.

＊ 소매진동 아래 가장자리를 마무리하기 위해 드레스용 원
  단에서 바이어스 테이프를 50cm 자르세요.

＊ 드레스 B: 주머니의 위 가장자리에 주름을 만드세요. 그
  위에 레이스를 연결하세요. 주머니의 위 가장자리에 바이
  어스 테이프를 작업하세요. 주머니의 다른 가장자리들은
  107p의 방법에 따라 바이어스 스트립으로 마무리하세요.

🌺 드레스 만들기

1 요크 안감의 아래 가장자리를 도안 표시에 따라 마무리하세요. 앞 요크와
   앞 요크의 안감은 겉면끼리 마주대어 놓고 핀으로 고정하세요. 뒤 요크도
   같은 방법으로 작업하세요. 요크들의 위 가장자리와 옆면들을 도안 표시
   까지 박아주세요. 시접에 가위집을 넣고, 요크를 겉면이 나오도록 뒤집고
   다림질하세요.

2 앞뒷장의 옆 솔기를 박아주세요.

3 진동에 바이어스 테이프를 박아주세요.

4 앞뒷장의 위 가장자리에 도안 표시에 따라 주름 잡기 실을 박아주고 요
   크에 어울리게 주름을 만드세요.

5 요크들의 겉감과 앞뒷장을 겉면끼리 마주대어 놓고 핀으로 고정한 후 박
   아주세요 시접들을 위 방향으로 요크 쪽에 다림질하세요. 요크의 둘레를
   따라 가장자리와 가까운 곳에서 박음질하세요. 박음질할 때 요크 안감의
   시접은 아래 방향으로 나오도록 하세요.

6 치맛단을 만드세요.

7 드레스 B 주머니들을 배치하여 박아주세요.

8 뒤 요크에 단추 구멍을 만들고, 앞 요크에 단추를 도안 표시에 따라 박아
   주세요.

친구
집에서
YOKYLASSA
자기

약 2.5cm

준비물 아이들이 수성 펜으로 그린 그림들 / 하얀 면 / 스캐너, 잉크젯프린터기, 종이 / 고리를 위한 리본이나 줄(크리스마스트리 장식용) / 충전재 솜

1 아이들의 그림을 스캔한 후 맞는 크기로 조정하세요. 크리스마스트리 장식의 높이는 약 10cm, 취침 인형의 사이즈는 최대 24cm×17cm(이 사이즈로 하면 A4 용지에 잘 들어가고 넉넉한 시접도 만들 수 있어요).

2 이미지 전사 방식을 이용해 그림들을 하얀 원단에 옮겨 그리세요(방법 15p).

3 시접을 넓게 하여 그림을 원단에서 자르세요.

4 그림보다 좀 더 큰 조각을 무늬 있는 원단에서 자르세요. 그림이 있는 원단과 무늬 있는 원단을 겉면끼리 마주대어 놓고 핀으로 고정하세요.

5 **크리스마스트리 장식** 원단 사이에 고리를 핀으로 고정하세요.

6 조각의 둘레를 따라 가장자리와 가까운 곳에서 박아주세요. 뒤집기를 위해 작은 창구멍을 남기세요.

7 시접을 얇게 하고 곡선이 있는 부분에 가위집을 만드세요.

8 겉면이 나오도록 작업물을 뒤집으세요. 충전재 솜을 집어넣고 창구멍을 작은 스티치로 손바느질하면서 막으세요.

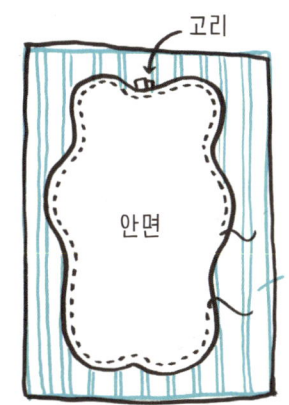

고리

안면

겉면

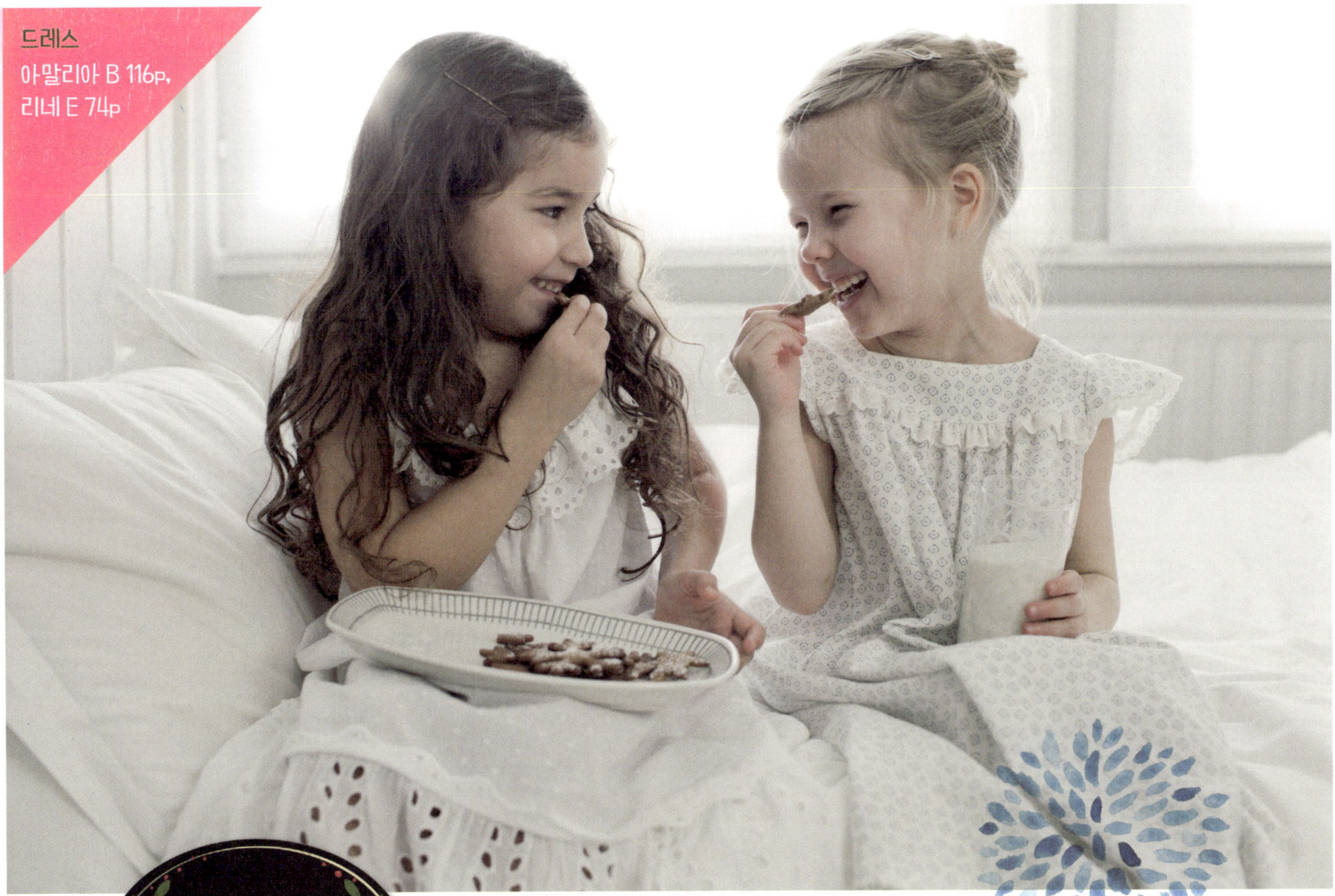

잠옷으로
변신한 드레스

소녀 감성을 살리기 위해 잠옷도 같은 분위기로 만들어 봤어요.
잠옷은 넉넉할수록 좋습니다. 피부가 민감한 친구도 잘 잘 수 있도록
꽉 조이는 고무줄 주름 장식은 피하는 것이 좋고,
너무 과한 디테일도 잠옷에서는 어울리지 않아요.

이 책에 나오는 많은 드레스들을 잠옷으로 만들어도 좋습니다. 원단의 종류와 드레스
길이를 약간만 변형하면 새로운 분위기를 만들 수 있어요. 확실히 잠옷은 연한 색과 자연 직물을
사용하는 게 좋겠지요. 옆 솔기를 따라 밑으로 라인을 그리면 드레스의 길이를 쉽게
길게 할 수 있어요. 또한 드레스 자락에는 단순한 단이 가장 잘 어울려요.
예를 들어 리네(74p)와 알비나(40p)처럼이요. 때로는 레이스를
추가해도 좋아요. 아말리아(116p)는 낭만적인 잠옷으로 대표적이에요.
조심해야 하는 부분은 잠옷이 너무 예뻐서 낮에도
계속 입기를 원할 때가 있다는 거죠.

Tip:
드레스 자락에 넓은 레이스
원단을 추가하면 작아진
잠옷을 더 길게 만들 수
있답니다.

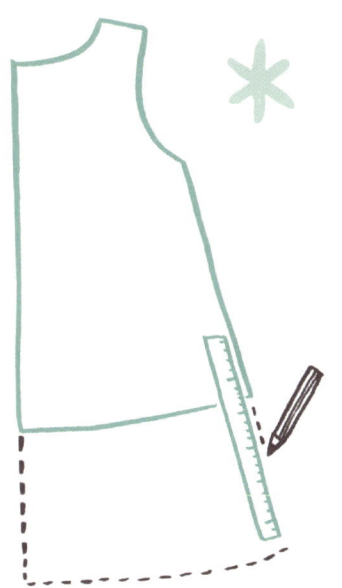

115

아말리아
드레스
AMALIA

드레스 이미지와 미니 도안 **121P**

준비물

☐ 겉과 안감을 위한 얇고 부드러운 면
☐ 드레스 A와 C: 바이어스 테이프 1.5m
☐ 드레스 B: 바이어스 테이프 2.5m
☐ 드레스 B: 넓이 5~7cm의 레이스 원단 40cm
☐ 드레스 C: 넓이 5cm의 레이스 원단 3.4 m

드레스 A

앞

뒤

드레스 B

앞

뒤

도안 1B

☐ 요크×1+안감×1
☐ 앞장×1
☐ 뒷장×1
아말리아 드레스의 프릴 장식 치수는 121p를 참조하세요.

드레스 C

앞

뒤

준비

* 설명에 따라 원단을 자르세요.

* **드레스 A**
  목둘레선 프릴 장식과 드레스 밑부분의 가장자리를 접고 롤단을 만드세요. 프릴 장식을 원형모양으로 재봉틀로 양끝을 박음질하여 만드세요. 프릴 장식 가운데 주름잡기를 위해 실을 재봉틀로 박아주세요.

* **드레스 B**
  주름잡기 실은 레이스 원단의 마무리하지 않은 가장자리에 박으세요. 드레스 밑의 프릴은 원형으로 양끝을 연결하여 박아주세요. 프릴의 밑 가장자리를 접고 단을 만드세요. 주름잡기 실은 프릴 위 가장자리에 박아주세요.

* **드레스 C**
  뒤 슬릿의 마무리를 위해 넓이 2.5cm의 바이어스 스트립을 약 20cm 자르세요. 단추 고리를 위해 짧고 얇은 띠를 박아주세요.

  목둘레선 프릴 목둘레선 프릴의 긴 가장자리와 짧은 끝부분을 접어 단을 만드세요. 프릴 목둘레선의 마무리하지 않은 가장자리에 주름잡기 실을 박아주세요.

  가슴 프릴 가슴 프릴의 긴 가장자리를 접고 단을 만드세요. 다른 한쪽 가장자리를 오버로크로 마무리하세요. 마무리한 가장자리에 주름잡기 실을 박아주세요. 레이스 원단에서 길이 40cm의 두 개의 띠를 잘라 마무리하지 않은 가장자리에 주름잡기 실을 박아주세요.

  드레스 밑부분 프릴 밑부분 프릴을 원형으로 양끝을 연결하여 박아주세요. 프릴의 밑 가장자리를 접고 단을 만드세요. 나머지 레이스 원단에서 드레스 밑부분 프릴 크기만큼의 띠를 자르고 원형으로 박아주세요. 레이스 원단은 프릴의 위 가장자리 겉면 위에 놓으세요. 주름잡기 실은 자수 원단 위로 이동하면서 박아주세요.

드레스 만들기

1. 요크들은 겹쳐서 안면끼리 마주대어 놓고 가장자리를 따라 박으세요. 두 번 겹친 요크가 더 깔끔해 보입니다.

2. 도안의 표시에 따라 주름잡기 실은 앞장의 위 가장자리에 박음질하고 주름이 들어가도록 만드세요.

3. 앞장은 요크의 밑 가장자리 겉감 쪽에 겉면끼리 마주대어 놓으세요. 솔기를 박으세요. 시접은 위쪽에 나오도록 다림질한 후 요크 쪽에 박음질 하세요.

4. **드레스 B** 레이스 원단에 프릴을 만들고 요크위 가장자리에 겉면이 위로 나오도록 배치한 후 박아주세요.

   드레스 C 레이스 원단과 드레스용 원단이 들어가는 가슴 프릴에 주름 장식을 만드세요. 가슴 프릴은 요크에 핀으로 고정한 후 박아주세요. 맨 위에 나오는 레이스 원단 프릴은 도안에 따라 배치하는데, 나머지 프릴들은 그 밑에 약 1cm 간격으로 한 장씩 서로 겹치며 밑으로 배치하세요.

5. **드레스 C** 뒷장의 중간에 깊이 약 8cm의 슬릿을 자르세요. 단추 슬릿의 가장자리에 바이어스 스트립을 박아주세요(95p 참조).

6. 앞뒷장을 겉면끼리 마주대어 놓고 박아주세요. 옆 솔기를 박아주세요.

7. **드레스 A와 C** 바이어스 테이프를 이용해 진동둘레의 가장자리를 마무리하세요.

   드레스 B 바이어스 테이프를 이용해 앞뒷장의 위 가장자리를 마무리하세요.

8. **드레스 A와 C** 바이어스 테이프가 동시에 어깨끈이 되도록 앞뒷장의 위 가장자리에 핀으로 고정한 후 박음질하세요(그림 1). 어깨끈 A에서 B의 길이는 4, 6, 8, 10cm입니다.

   드레스 A 95p를 참조해 목둘레선을 바이어스 테이프로 마무리하세요.

   드레스 C 슬릿 자리에 바이어스 테이프의 시작과 끝부분에 접기를 위해 공간을 남기세요.

9. **드레스 C** 목둘레선 프릴에 주름 장식을 만드세요. 뒤 슬릿 부분부터 프릴을 목둘레선에 배치한후 시작부터 끝까지 박으세요(그림 2). 뒷장의 위가장자리에 단추 고리를 박으세요(그림 3). 바이어스 테이프를 드레스의 겉면이 나오도록 접고 양쪽 끝부분 박아주세요.

   드레스 A 바이어스 테이프를 요크와 뒷장에 접어 박아주세요. 목둘레선 프릴에 주름 장식을 만들고 바이어스 테이프의 위와 밑 가장자리에서 볼 때 가운데에 배치하세요. 주름잡기 실의 중간에서 박으면서 프릴 장식을 연결하세요.

   드레스 B 바이어스 테이프의 중간 부분을 잰후 드레스 옆 솔기에 배치하세요. 진동둘레 선을 바이어스 테이프로 마무리하고 넘치는 바이어스 테이프를 어깨끈이 되도록 박아주세요.

10. **드레스 A** 드레스 밑부분의 가장자리를 접고 박아주세요. 밑부분 프릴 장식에 주름이 가도록 하고 가장자리에서 약 2cm 떨어진 곳에 연결하세요.

11. **드레스 B와 C** 드레스 밑부분의 프릴 장식에 주름이 가도록 하세요. 겉면끼리 마주대어 놓고 핀으로 고정한 후 박고 시접을 오버로크로 마무리하세요. 시접을 위쪽으로 다림질하고 드레스 밑부분에 박음질하세요.

12. **드레스 C** 단추를 달아주세요.

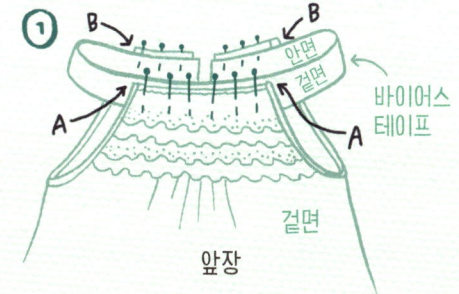

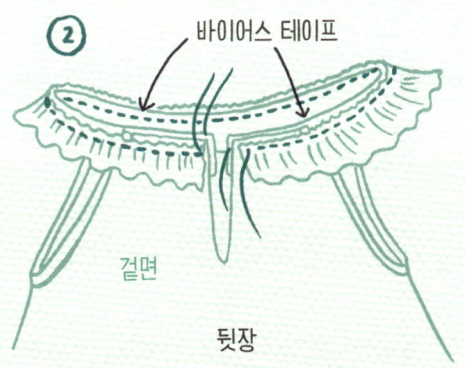

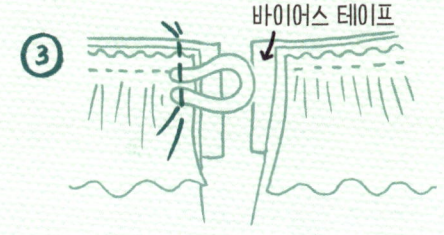

사이즈	86~92	98~104	110~116	122~128
길이	86~92	98~104	110~116	122~128
가슴둘레	52~54	56~58	60~62	64~66
허리둘레	52~53	54~55	56~57	58~59

알리나 드레스

설명 52p
도안 1B

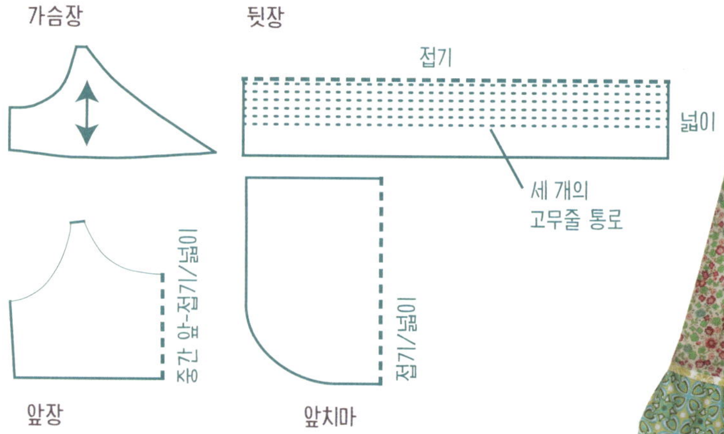

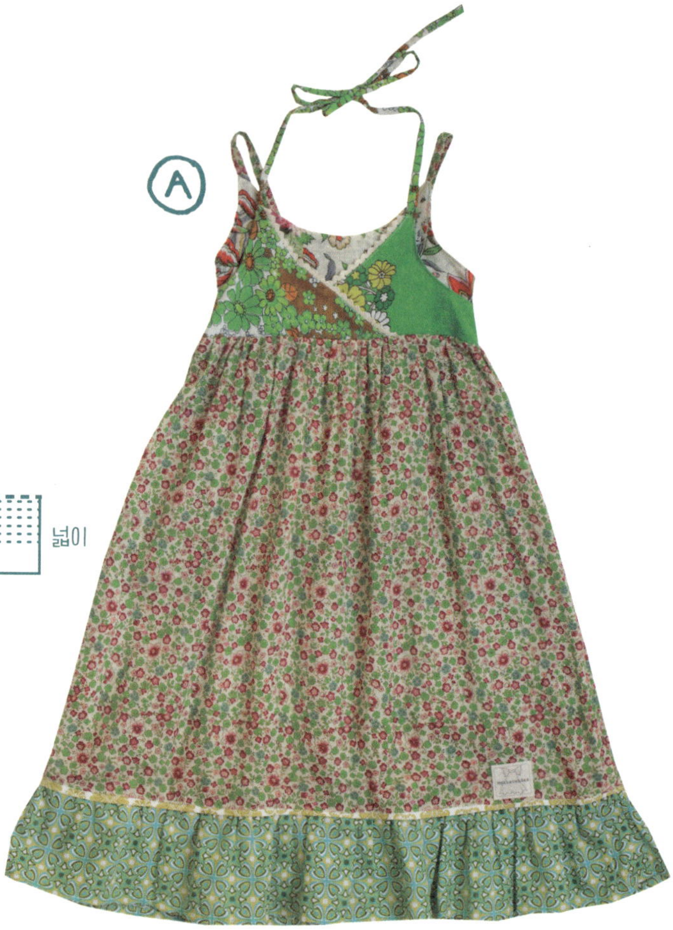

가슴장

뒷장

접기

넓이

세 개의
고무줄 통로

앞장

중간 사이즈/넓이

앞치마

전기/넓이

알리나 드레스의 밑부분 치수			단위:cm(높이 X 넓이)	
사이즈(신장)	86~92	98~104	110~116	122~128
밑부분 2장				
드레스 A	35 X 56	40 X 58	45 X 60	50 X 62
드레스 B, D, E	30 X 56	35 X 58	40 X 60	45 X 62
드레스 C 윗자락	51 X 58	56 X 60	61 X 62	66 X 64
아랫자락	57 X 73	62 X 75	67 X 77	72 X 79
자락 안감	15 X 46	17 X 48	19 X 50	21 X 52
자락 프릴 2장				
드레스 A	13 X 120	13 X 120	13 X 130	13 X 130
드레스 B 윗부분	10 X 120	10 X 120	10 X 130	10 X 130
아랫부분	15 X 120	15 X 120	15 X 130	15 X 130

Ⓐ

1cm의 단과 시접이
치수에 포함되어 있습니다.

알비나
드레스

설명 40p
도안 1A

접기/넓이   어깨

앞

드레스 A

드레스 B

소매 1   소매 3

앞트임 안단   뒤트임 안단

중간 앞 접기/넓이

중간 앞 접기/넓이

중간 뒤 접기/넓이

중간 뒤 접기/넓이

앞장   뒷장

Ⓐ

Ⓑ

Ⓒ

아말리아
드레스

설명 116p
도안 1B

Ⓐ

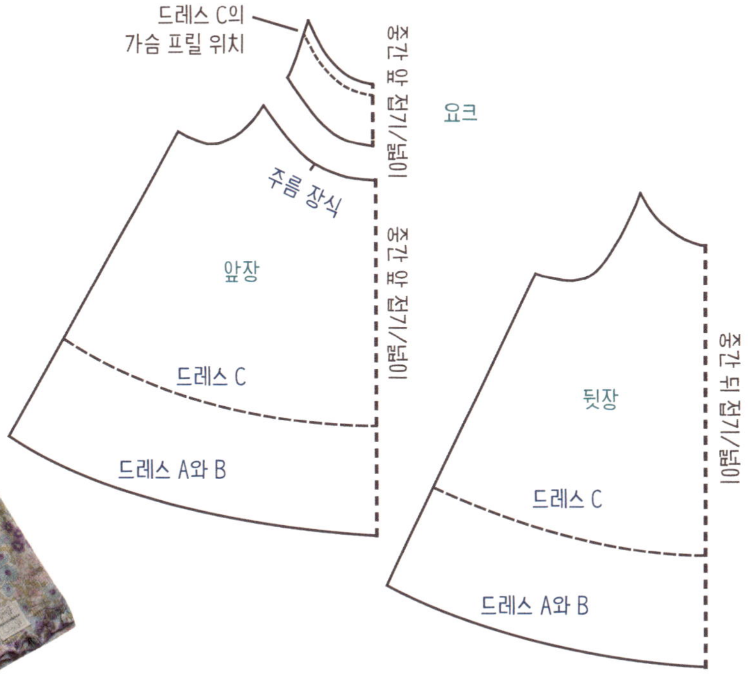

드레스 C의
가슴 프릴 위치

중간 앞 접기/넓이

요크

주름 장식

중간 앞 접기/넓이

앞장

중간 앞 접기/넓이

드레스 C

뒷장

드레스 A와 B

중간 뒤 접기/넓이

드레스 C

드레스 A와 B

Ⓑ

Ⓒ

아말리아 프릴 치수				단위:cm(높이×넓이)
사이즈(신장)	86~92	98~104	110~116	122~128
목둘레션 프릴 1장				
드레스 A	3.5 X 130	3.5 X 130	3.5 X 140	3.5 X 140
드레스 C	7 X 130	7 X 130	7 X 140	7 X 140
가슴부분 프릴 2장				
드레스 C	7 X 35	7 X 35	7 X 40	7 X 40
자락 프릴 2장				
드레스 A	3.5 X 130	3.5 X 130	3.5 X 140	3.5 X 140
드레스 B	22 X 120	22 X 120	22 X 130	22 X 130
드레스 C	12 X 120	12 X 120	12 X 130	12 X 130

드레스 A의 목둘레션 프릴의 높이에 롤단에
필요한 시접이 포함되어 있습니다.
안면에 두 번 겹치는 단을 프릴의 가장자리에
만들 경우 높이에 2~3cm 추가하세요.

1cm의 단과 시접이 치수에 포함되어 있습니다.

엘리나
드레스

설명 97p
도안 1A

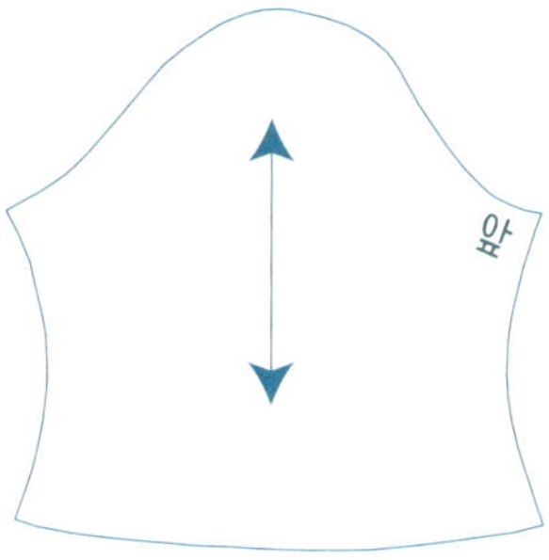

소매 2

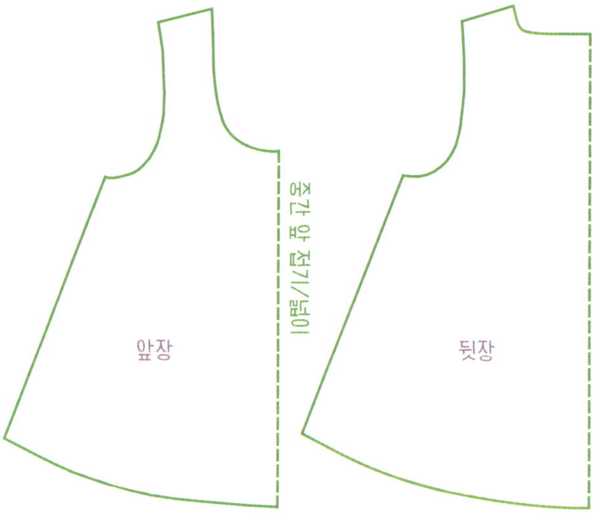

앞

Ⓐ

앞장

중간 앞 청기/넓이

뒷장

중간 뒤 청기/넓이

Ⓑ

Ⓒ

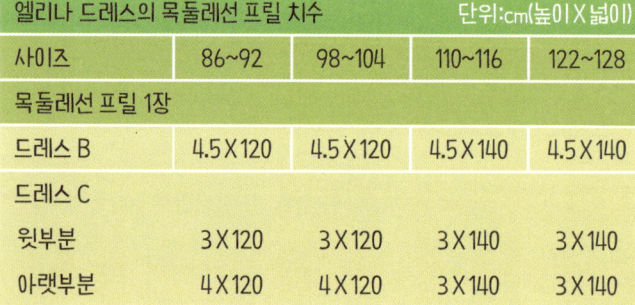

엘리나 드레스의 목둘레선 프릴 치수			단위:cm(높이X넓이)	
사이즈	86~92	98~104	110~116	122~128
목둘레션 프릴 1장				
드레스 B	4.5 X 120	4.5 X 120	4.5 X 140	4.5 X 140
드레스 C				
윗부분	3 X 120	3 X 120	3 X 140	3 X 140
아랫부분	4 X 120	4 X 120	3 X 140	3 X 140

1cm의 단과 시접이 치수에 포함되어 있습니다.

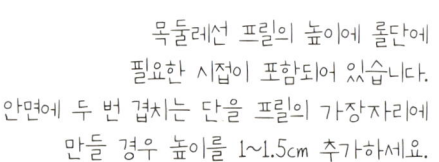

목둘레션 프릴의 높이에 롤단에
필요한 시접이 포함되어 있습니다.
안면에 두 번 겹치는 단을 프릴의 가장자리에
만들 경우 높이를 1~1.5cm 추가하세요.

카롤리나
드레스

설명 77P
도안 1B

접기　어깨

고무줄 통로

소매

카롤리나 드레스 치수			단위:cm(높이 X 넓이)	
사이즈	86~92	98~104	110~116	122~128
요크 2장	13 X 48	14 X 50	15 X 52	16 X 54
자락 2장	45 X 73	52 X 78	59 X 82	66 X 87
자락 안감 2장	36 X 48	42 X 50	48 X 52	54 X 54

1cm의 단과 시접이 치수에 포함되어 있습니다.

카타리나 드레스

설명 28p
도안 2B

Ⓐ

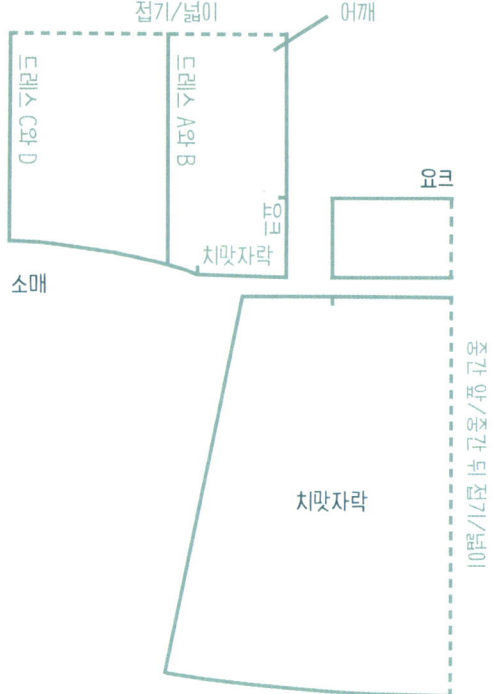

접기/넓이 어깨

드레스 C와 D

드레스 A와 B

요크

치맛자락

소매

요크

치맛자락

중간 앞/중간 뒤 접기/넓이

주머니들은 도안 2A

주름 장식

주머니 A

주머니 C

Ⓑ

카타리나 드레스의 고무줄 길이 치수				단위:cm
사이즈	86~92	98~104	110~116	122~128
고무줄 2개				
요크의 위 가장자리	12	14	16	18
소매의 위 가장자리	14	16	18	20
소매끝동(드레스 C의 경우 소매 중간 부분)	21	22	23	24
가슴둘레	26	28	30	32

1cm의 단과 시접이
치수에 포함되어 있습니다.

C

D

성인
마레트
드레스

설명 85p
도안 2B

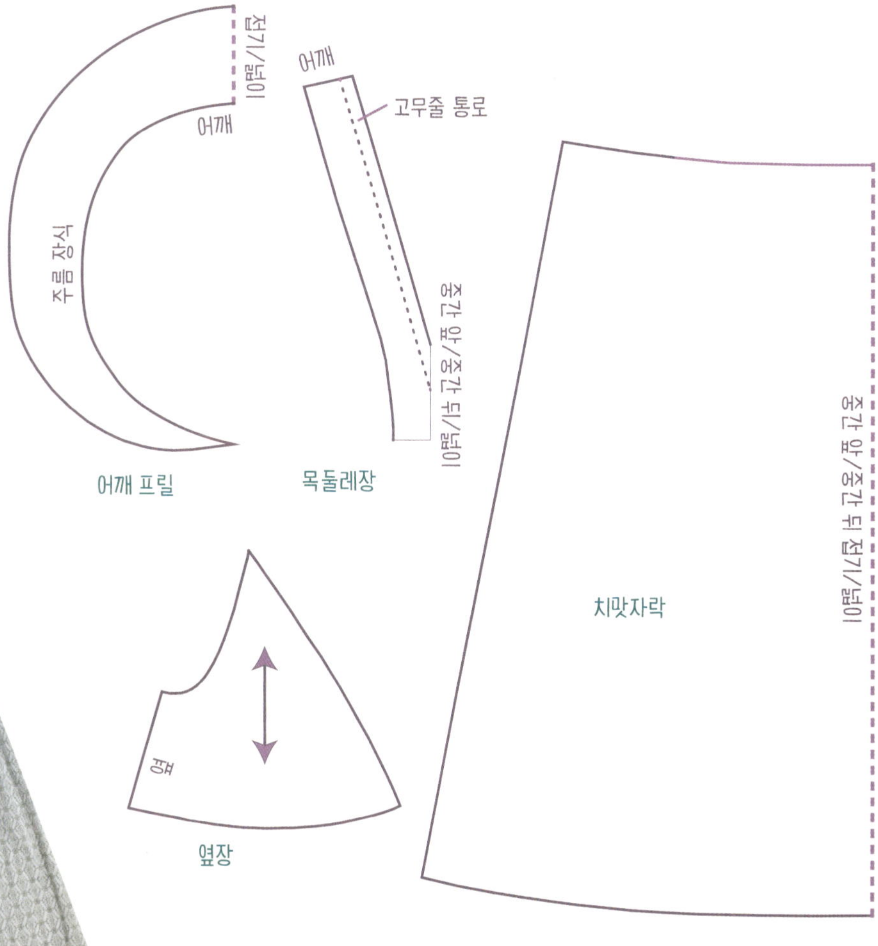

어깨 프릴

주름 잡아서

어깨

접기/넓이

목둘레장

어깨

고무줄 통로

중간 앞/중간 뒤/넓이

치맛자락

중간 앞/중간 뒤 접기/넓이

옆선

옆장

성인 마레트 치수표					단위:cm
사이즈	S(90)	M(95)	L(100)	XL(105)	XXL
가슴둘레	86	90	94	98	102
허리둘레	67	69	72	76	80

마레트
드레스

설명 82p
도안 2A

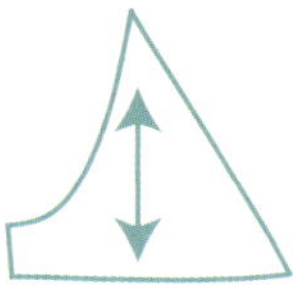

어깨

옆장

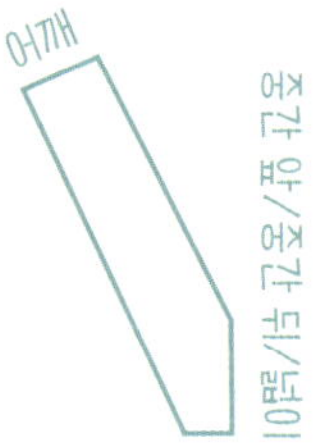

목둘레장

중간 앞/중간 뒤/넓이

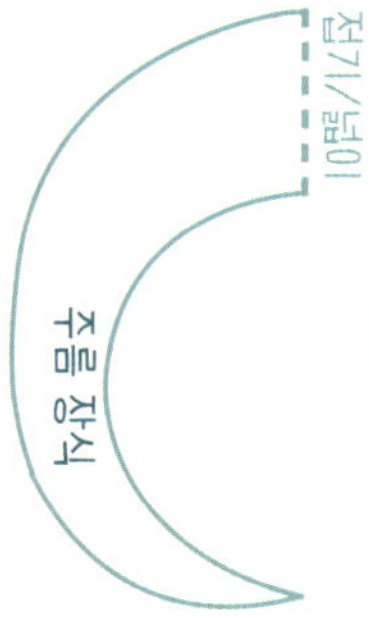

큰 어깨 프릴

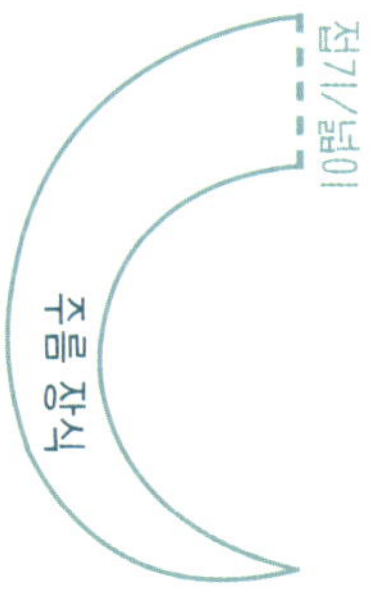

작은 어깨 프릴

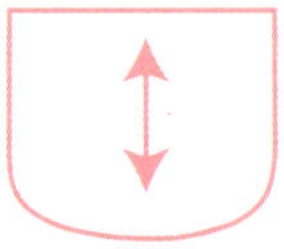

길이/넓이

주름 장식

주머니 C

A

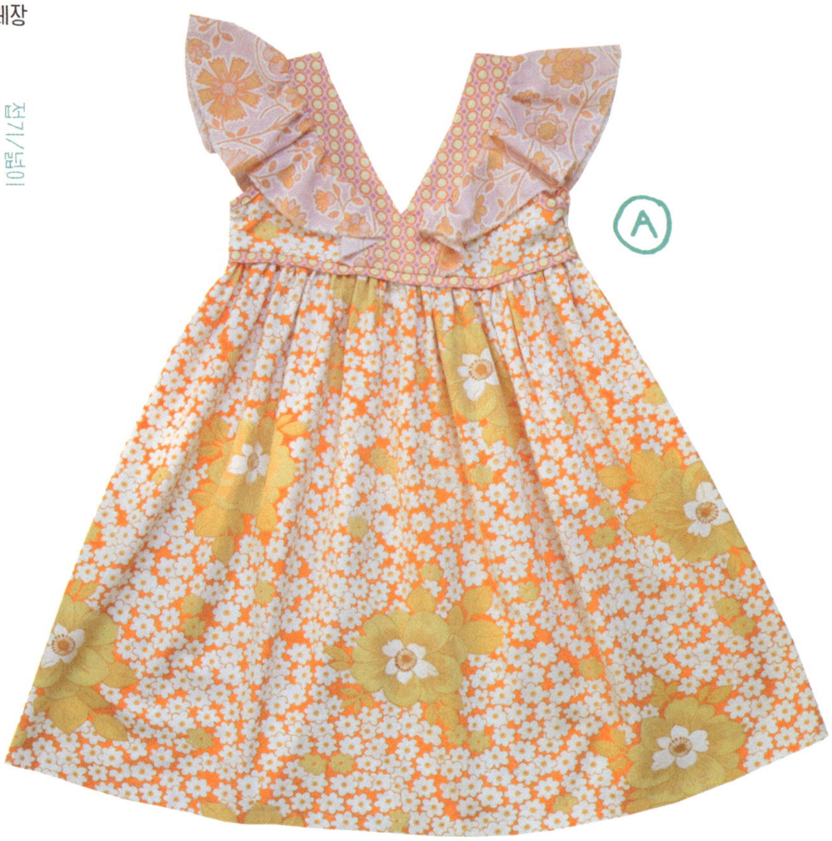

마레트 드레스의 치마 치수			단위:cm(높이 X 넓이)	
사이즈(신장)	86~92	98~104	110~116	122~128
자락 2장				
드레스 A	36 X 66	43 X 68	50 X 70	57 X 72
드레스 B와 C	24 X 66	31 X 68	38 X 70	45 X 72
자락 프릴 2장				
드레스 B	7 X 120	7 X 120	7 X 130	7 X 130
드레스 C	15 X 120	15 X 120	15 X 130	15 X 130

1cm의 단과 시접이
치수에 포함되어 있습니다.

Ⓑ

Ⓒ

파란 드레스는 드레스 A의
도안에 따라 만든 것으로,
두 번 겹친 어깨 프릴을 추가했고 가두리
장식이 포함되어 있지 않습니다.

마틀레나
드레스

설명 109p
도안 2A

A

앞 요크

중간 앞 접기/넓이

뒤 요크

중간 뒤 접기/넓이

주름 장식

주름 장식

중간 앞 접기/넓이

중간 뒤 접기/넓이

앞장

뒷장

주머니

주머니

주름 장식

주머니 B

B

미아
드레스
설명 63p
도안 1B

요크

중간 앞/중간 뒤 접기/넓이

주름 장식

뒷장 슬릿

자락

접기/넓이

어깨끈

중간 앞/중간 뒤 접기/넓이

오렐르마
드레스
설명 99p
도안 2A

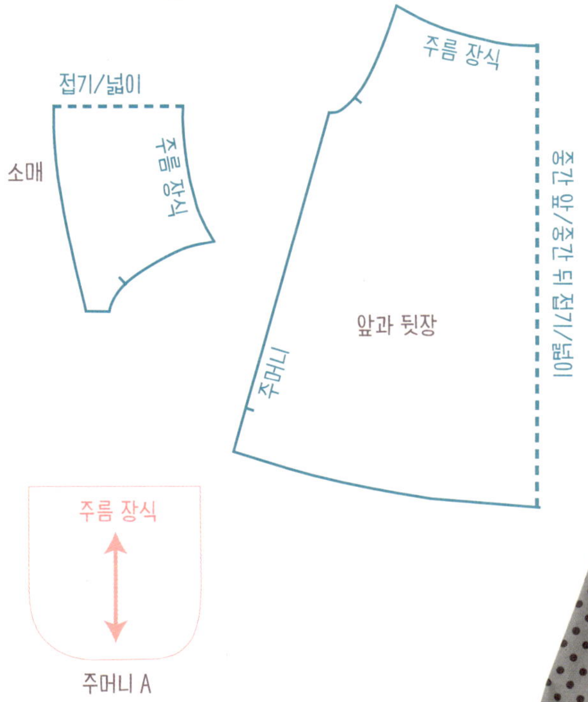

접기/넓이

주름 장식

소매

주름 장식

주름니

앞과 뒷장

중간 앞/중간 뒤 접기/넓이

주름 장식

주머니 A

Ⓐ

Ⓑ

리네
드레스

설명 74p
도안 2A

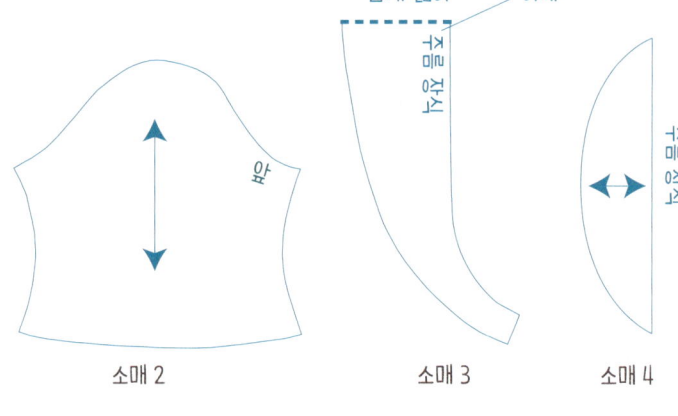

접기/넓이   어깨
주름 장식

앞

주름 장식

소매 2   소매 3   소매 4

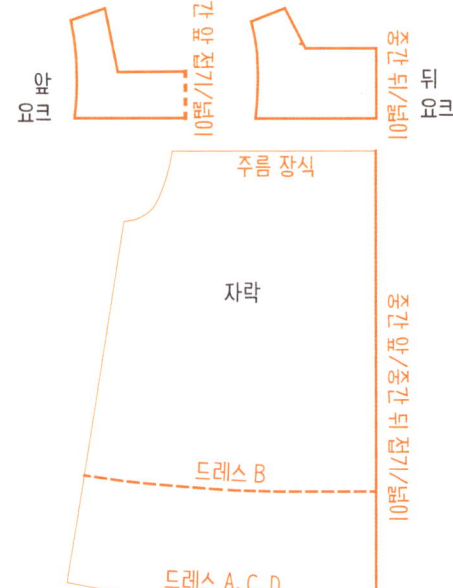

앞
요크

중간 앞 접기/넓이

뒤
요크

중간 뒤 접기/넓이

주름 장식

자락

중간 앞/중간 뒤 접기/넓이

드레스 B

드레스 A, C, D

Ⓐ

Ⓑ

Ⓒ

리네 치맛자락 프릴 장식 치수(드레스 B)		단위:cm(높이 X 넓이)	
자락 프릴 장식 2장			
사이즈(신장)	86~92	98~104	110~116	122~128
	15 X 120	15 X 120	15 X 130	15 X 130

1cm의 단과 시접이 치수에 포함되어 있습니다.

D

E

소매는 도안 1A

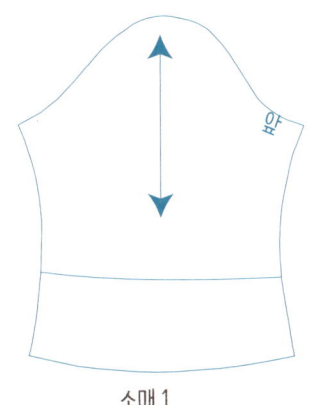

소매 1

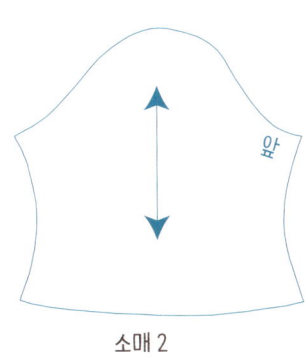

소매 2

소매와 주머니

알비나와 엘리나, 리네
드레스에 어울립니다.

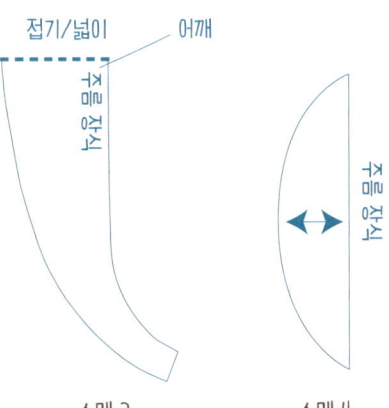

소매 3

소매 4

주머니는 도안 2A

주머니 A

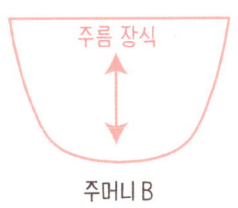

주머니 B

주머니 C

인형
드레스

도안 2B

🌹 앞치마 드레스 설명 87p

중간 앞 접기/넓이

🌹 미니 마레트 설명 89p

옆 장

접기/넓이

어깨 프릴

어깨

중간 앞/중간 뒤/넓이

목둘레장

🌹 미니 마틀레나 설명 88p

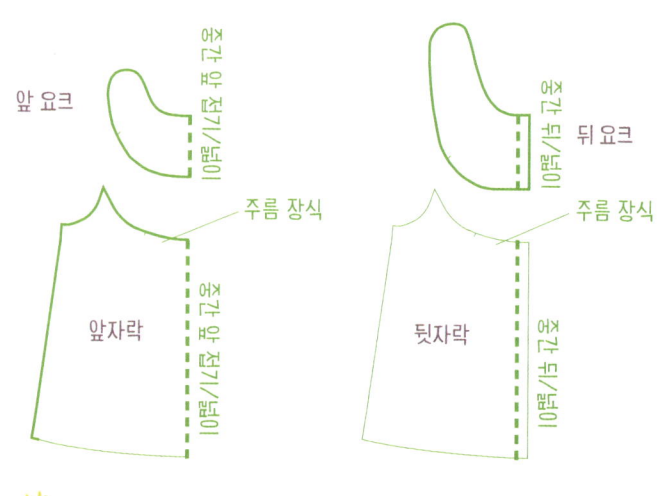

앞 요크

중간 앞 접기/넓이

주름 장식

앞자락

중간 앞 접기/넓이

뒤 요크

중간 뒤/넓이

주름 장식

뒷자락

중간 뒤/넓이

오븐 미트(설명 22p)
벽지 나비(설명 24p)
차 상표, 봉지, 티백(설명 25p)

Tee

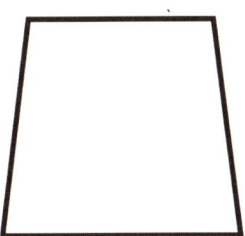

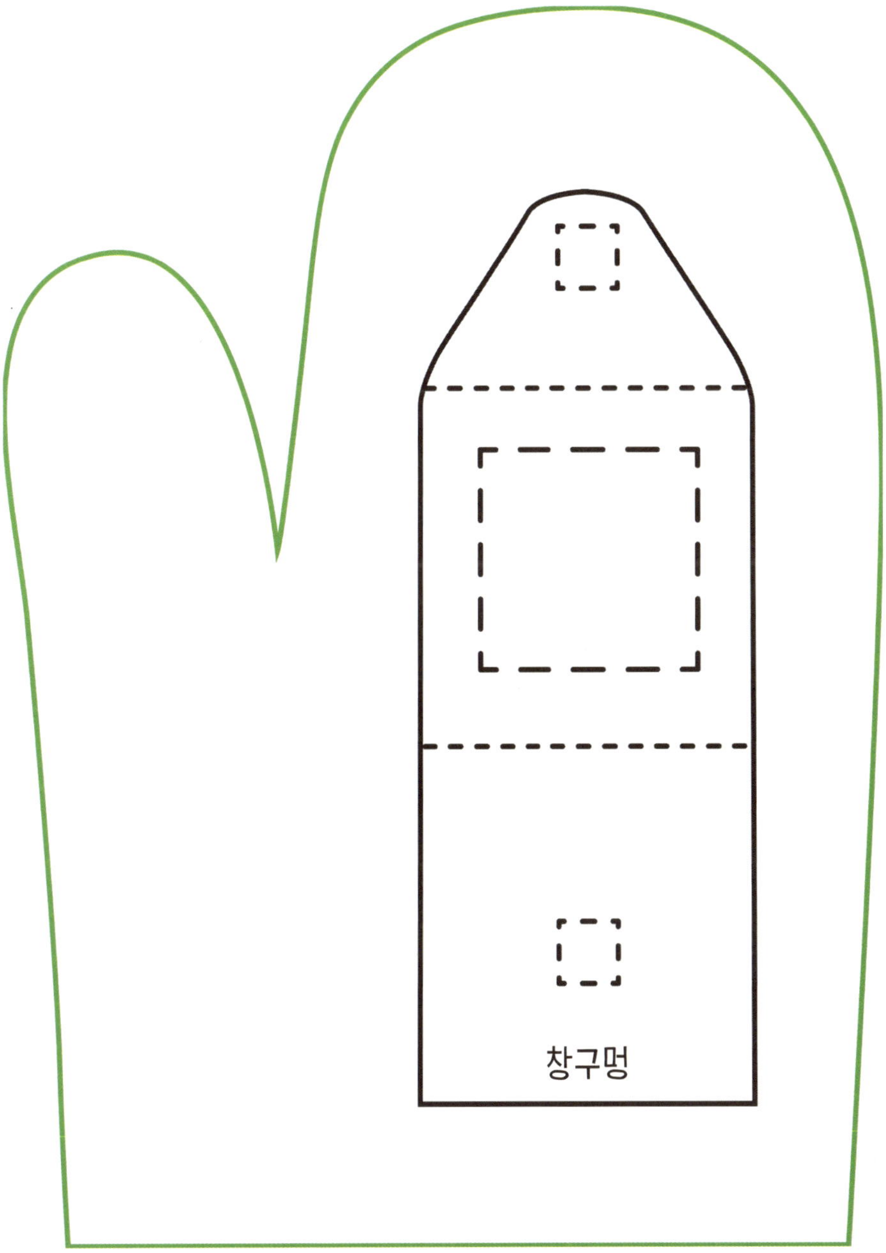

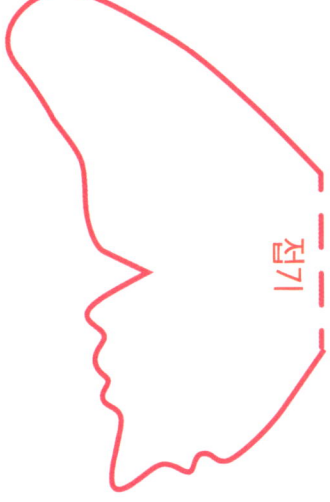

접기

창구멍

133

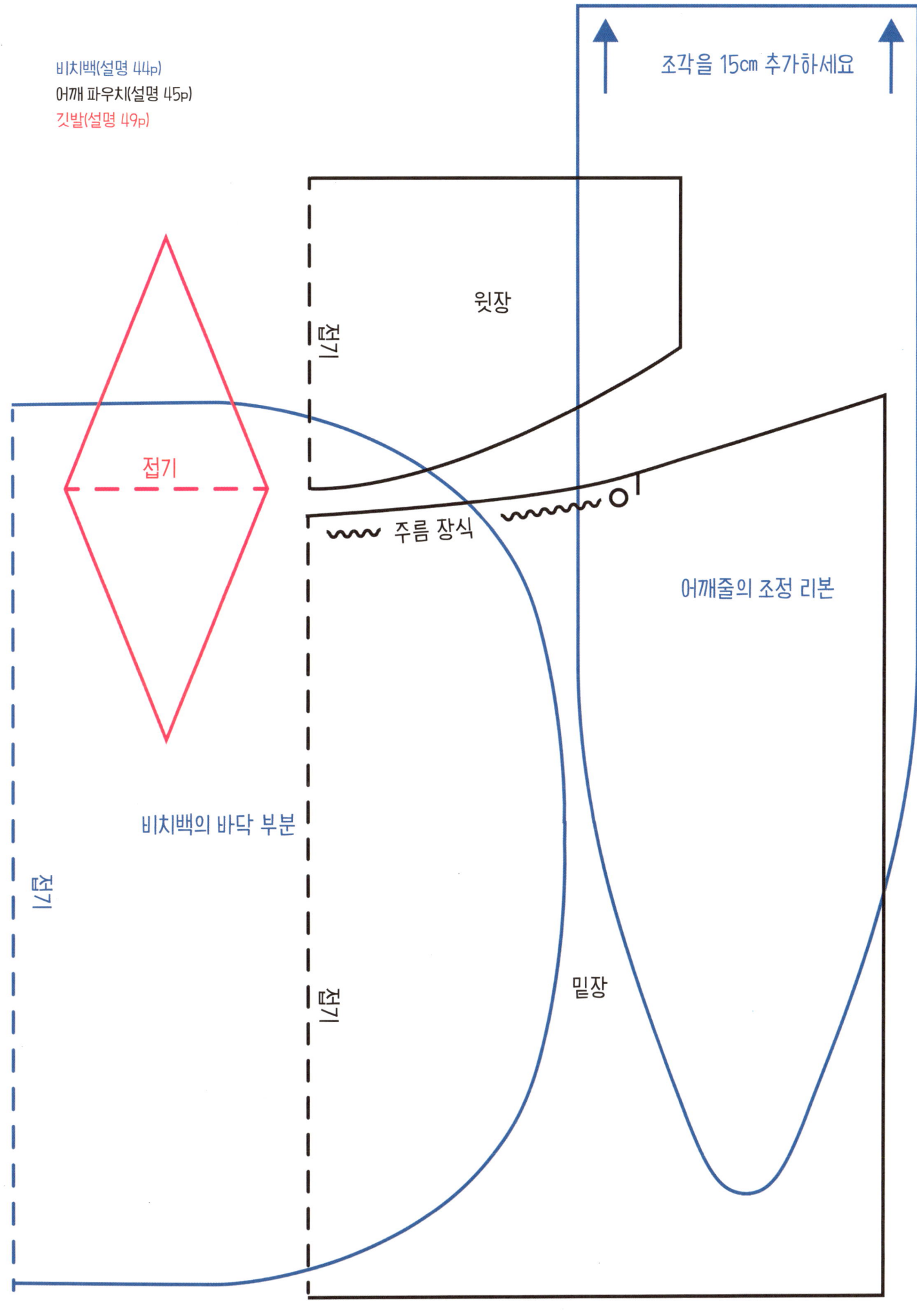

비치백(설명 44p)
어깨 파우치(설명 45p)
깃발(설명 49p)

조각을 15cm 추가하세요

윗장

접기

접기

주름 장식

어깨줄의 조정 리본

비치백의 바닥 부분

접기

접기

밑장

기저귀(설명 56p)
티슈 상표
티슈 박스의 뚜껑(설명 57p)

KUDOS

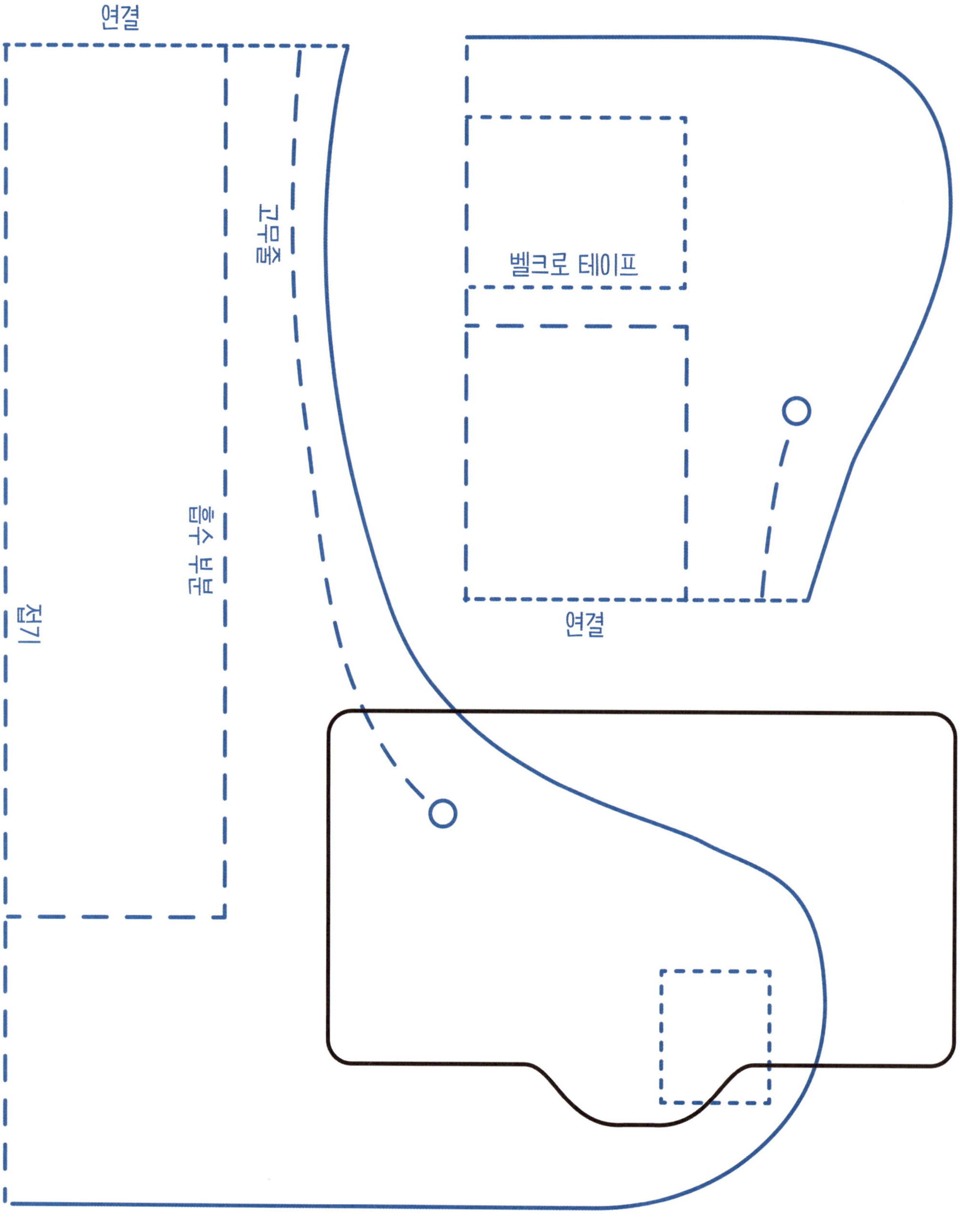

연결

고무줄

밴드 부분

접기

벨크로 테이프

연결

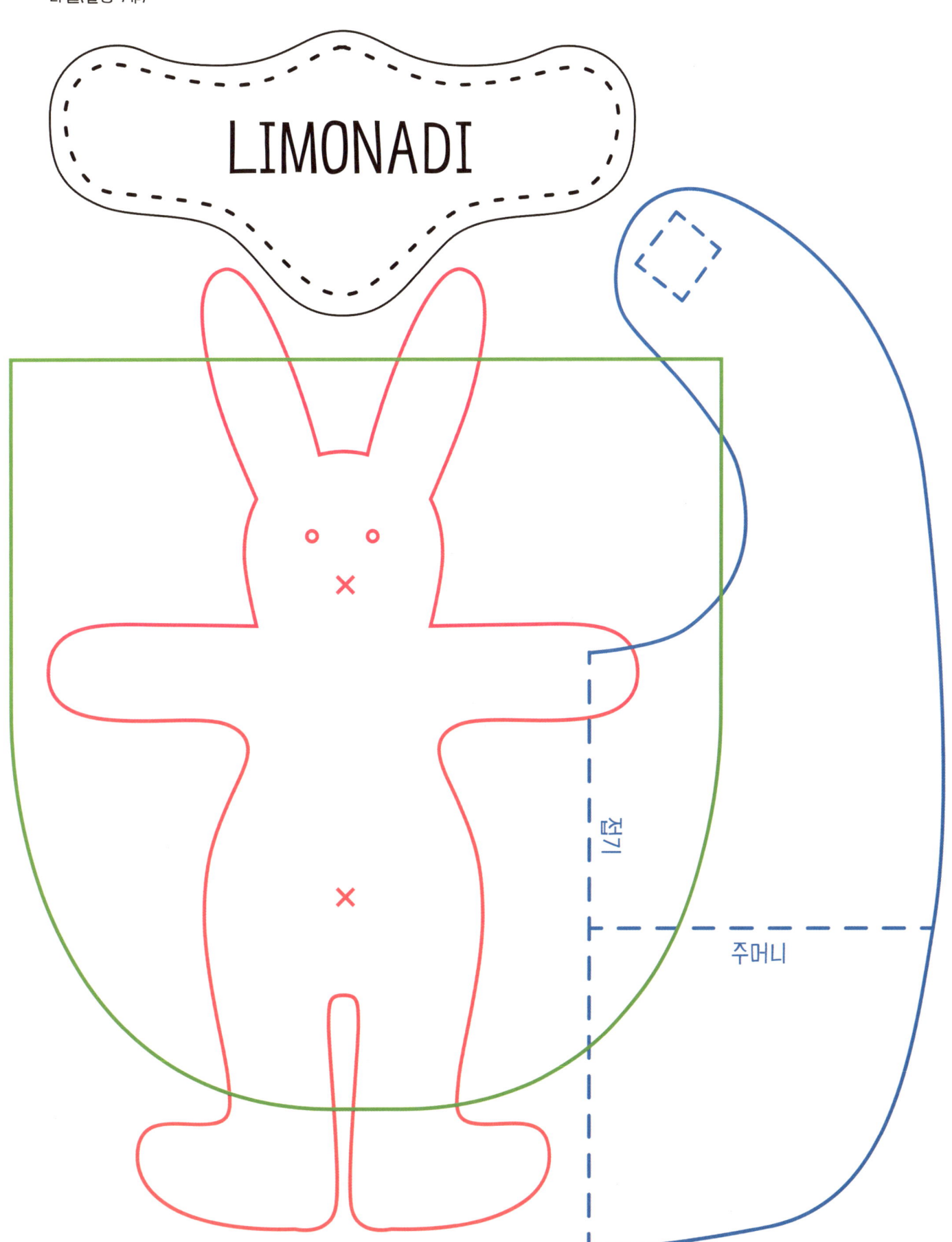

LIMONADI

접기

주머니

꼭두각시(설명 92p)
밤비 아플리케(설명 60, 96p)
나무 아플리케(설명 96p)

말 아플리케(설명 74p)
목마의 보호장과 귀(설명 103p)
당근(설명 105p)

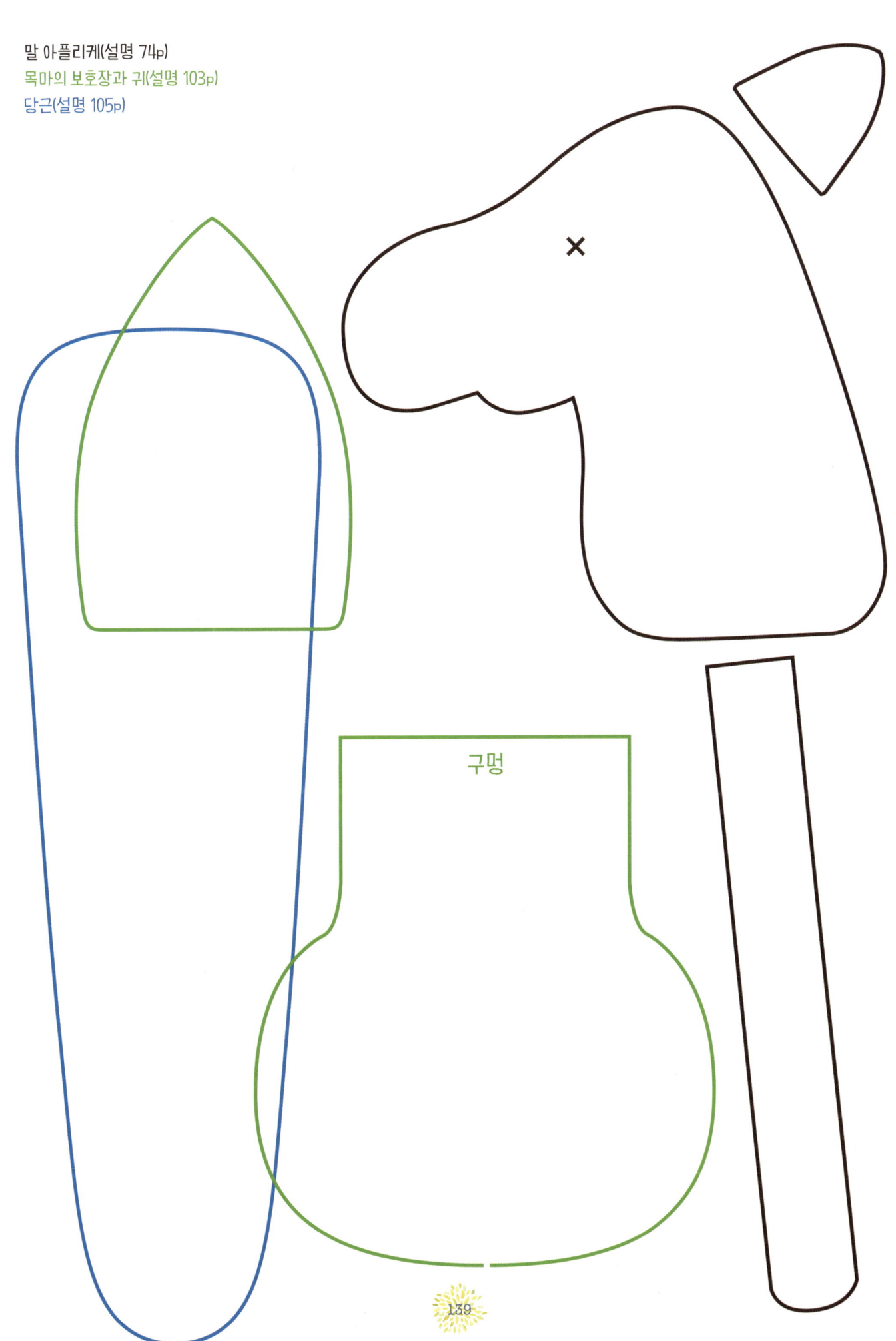

구멍